JN273122

発達障害のある人の大学進学

どう選ぶか　どう支えるか

高橋知音……●編著

金子書房

はじめに

背景と本書の目的

　発達障害のある人にとって，大学進学は現実的な選択肢の一つになっている。少子化の進行の一方で，大学入学定員は増え続けており，大学入試も多様化し，試験の得点によって一律に合格者が決まる時代ではなくなった。こうした社会的環境の変化は，得意な分野と苦手な分野の差がはっきりしている発達障害のある人にとって，大学進学をより身近なものにしたと言える。

　しかし，試験に合格することは，順調な大学生活を保障するものではない。障害の有無にかかわらず，大学入学後につまずいて卒業を断念する者も少なくない。その理由の一つとして，大学という環境が高校までの環境と劇的に異なることがあげられる。その違いを端的に表すと「構造化」の度合いの違いである（高橋，2012）。小，中，高校と続いてきた学校の枠組みが，大学では存在しない。学校に行けば自分の教室と机があり，担任の先生がいて，朝から夕方まで，決まった時間割に沿って授業がつまっている。学期の途中や学期末には，試験範囲がはっきりしていて，出題形式もある程度予測可能な定期テストがある。こうした「学校の常識」が，大学では通用しない。さらにひとり暮らしが始まれば，生活管理も自分でやらなければならない。発達障害のある学生にとって，この環境の変化のインパクトは想像以上に大きく，うまく対処できずに挫折を繰り返すこともある。そのため，大学への移行過程をどうのりきるかは，本人，家族，支援者にとって大きな課題となっている。

　大学に目を向けると，発達障害のある学生を受け入れるにあたり，どのように支援するかが重要な課題となっている。発達障害のある学生の数は，日本学生支援機構（2014）の調査でも年々増加している。そして，障害のある学生への支援は，一部の熱心な大学の取り組みではなく，学生の権利を保障する大学の責務ととらえられるようになってきている。

　以上のことをふまえ，本書では，発達障害のある人が大学へ進学する際の移

行過程をどうのりきるか，関係者はどう支援するかについての手がかりを，本人，家族，高校・大学の教職員，医療機関や障害者支援機関等のスタッフに提供することを目的としている。劇的な環境変化をのりきるためには，本人の努力に加え，家族による支援，高校での進路指導，大学教職員による入学段階での支援など，多くの関係者の協力が必要である。この「協力」が機能するためには，関係者の共通理解が不可欠である。本書は，さまざまな立場からこの移行過程に関わっている（関わった）方々を執筆者とすることで，共通理解を深めるための一助となることを願ってまとめられている。

　具体的には，以下のような問いに対する答えが見つかることを目指している。
1　社会に出る前の進路の選択肢として，大学進学を意味のあるものとするために，本人，家族，高校関係者，大学関係者は何ができるか。
2　大学進学，大学入試に向けて本人，家族，高校はどのような準備をすればよいか。
3　発達障害のある学生を受け入れる環境を整えていくために，大学教職員がどう行動していったらよいか。

　一方，本書には，どうやったら大学に合格できるか，どうやったら大学でうまくやっていけるか，大学はどうしたらよいかについて，誰にでも使える一つの正解が書いてあるわけではない。おそらく，そのような正解は存在しないだろう。重要なのは，現状を知ること，さまざまなケースについて知ること，それらを元に自分の状況について考えてみることである。本書には考える材料，手がかりが豊富にちりばめられている。

本書の構成

　本書の各章は，図に示すように，高校から大学への移行期を幅広くカバーしている。各章はさまざまな立場の執筆者によって書かれている。文体も各執筆者のスタイルを尊重し，バリエーションに富んだものとなっている。全体を通して一つのストーリーのように読み進むというよりは，関心のあるテーマから読んでいただくことを想定している。

　1人の専門家の講演を聴くというよりは，本人も含めたさまざまな立場の関係者が集まる支援会議をイメージしてほしい。支援会議ではまずは情報を持ち寄ってお互いに理解を深めることからスタートする。それから，どうしたらよ

いか考え，意見を交換する。本書は，その情報を持ち寄る部分に相当するものであり，これをふまえて，次は読者それぞれの立場で考え，関係者との意見交換を行ってほしい。

以下，各章の概要について紹介する。

第1章は，高橋が大学教員の立場から，そもそも「なぜ大学で学ぶのか」ということについて考える手がかりを提示することからスタートする。続いて，国内外における発達障害のある大学生への支援の現状についてまとめられている。

第2章では，高校教員で教育相談も担当されている浅田聡氏に，私立の全日制普通高校における支援の様子について，浅田氏の実践をまとめていただいた。「特別」でない「あたりまえ」の支援の考え方が一つのテーマとなっている。

第3章では，障害のある人への支援技術を研究テーマとされている東京大学の近藤武夫氏から，DO-IT Japanの取り組みについて紹介していただいた。DO-IT Japanは，障害のある人の大学進学を支える先進的な取り組みである。

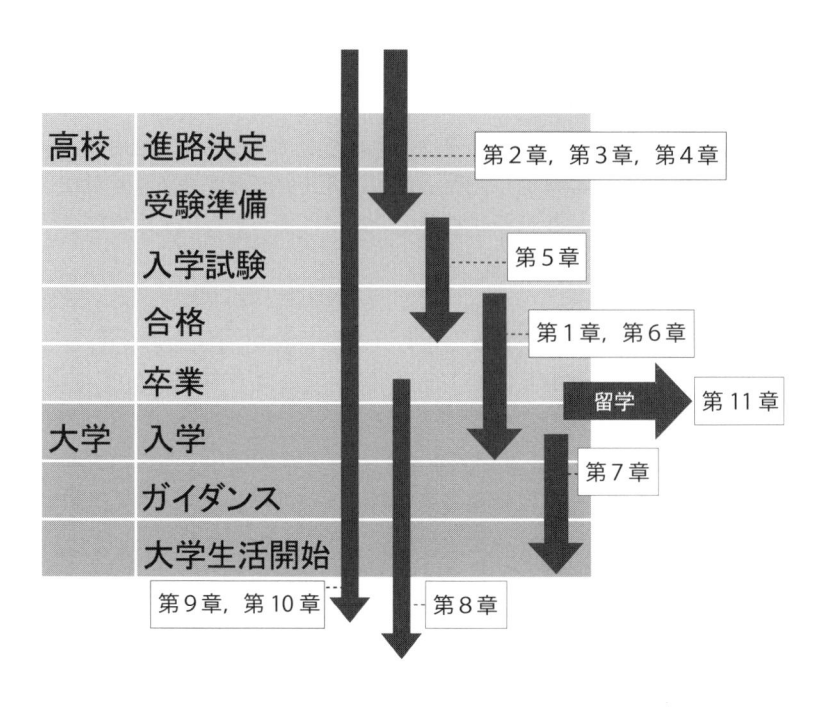

高校	進路決定	……… 第2章，第3章，第4章
	受験準備	
	入学試験	……… 第5章
	合格	……… 第1章，第6章
	卒業	留学 → 第11章
大学	入学	
	ガイダンス	第7章
	大学生活開始	
	第9章，第10章	第8章

第4章では，発達障害のある大学生支援に積極的に取り組んでいる大学の一つである富山大学で，支援の中心的役割を担っている西村優紀美氏にご担当いただいた。大学がどのように障害のある高校生に情報提供していくかについての事例が紹介されている。

　第5章では，大学入試センターで発達障害のある受験生への配慮が実現されるようご尽力された上野一彦氏に，海外の動向や，これまでの経緯も含め，入試における配慮の実際について詳しく説明していただいた。

　第6章では，高橋が「入学決定後」を想定し，本人や関係者が大学入学までにどのような準備を進めるべきか，そしてどのように大学と情報共有を進めるかについてまとめた。

　第7章では，明星大学の学生支援センター長である村山光子氏に，入学直後の大学での支援のあり方について具体的に説明してもらった。本人，家族にとっては大学入学後の状況をイメージする上で参考になるだろうし，大学関係者には，受入準備を進めるための一つのモデルとなる。

　第8章は，高校・大学の教職員の立場から書かれた最後の章となる。さまざまな年齢段階の発達障害のある人たちへの支援経験が豊富な篠田晴男氏から，大学教員の立場でどのような支援が可能か，そして大学卒業後まで見通して，移行期の支援についてまとめていただいた。アメリカ合衆国の大学の例も紹介されている。

　第9章では，発達障害の診断を受けた経験をお持ちの笹森理絵氏から，二度の大学生経験についてご紹介いただいた。笹森氏は，一度目は診断がない状態，二度目はある状態で学生生活を送られており，さまざまな状況の方にとって参考になるだろう。

　第10章では，発達障害のある息子さんの進路選択，大学入試，そして大学生活を親子で一緒に考え，乗り越えてこられた脇坂奈央子氏に，その経緯を紹介していただいた。多くの具体的工夫は，困ったときにどうしたらよいかのヒントとなるはずである。

　第11章では，ディスレクシアの診断を英国で受け，その後，英国の大学に進学，卒業し現在は建築家としてご活躍の藤堂高直氏から，ご自身の進路選択，留学経験を紹介していただいた。藤堂氏の体験は，留学をするかしないかという枠組みを超えて，読者にとって支援のあり方，教育のあり方について考え方の幅を広げてくれるものとなっている。

はじめに

　大学を卒業すると，児童，生徒，学生として続いてきた「教育を受ける生活」が終わり，自立した社会人となる。大学進学への移行期を考えることはライフステージにおけるターニングポイントを考えることでもある。本書が発達障害のある人にとって，この重要な時期に納得のいく意志決定をするための参考資料となることを，またそれを支える人たちにとって支援の手がかりとなることを願っている。

　2014年4月

編者　高橋　知音

[参考文献]

日本学生支援機構（2014）．平成25年度（2013年度）大学，短期大学及び高等専門学校における障害のある学生の修学支援に関する実態調査結果報告書

高橋知音（2012）．発達障害のある大学生のキャンパスライフサポートブック，学研教育出版

もくじ

はじめに　i

第1章　大学進学前に知っておいてほしいこと ——— 1
高橋 知音

- 1　ライフステージにおける大学進学の意味　1
- 2　進学先選択で考慮すべきこと　6
- 3　大学における支援の現状　9

第2章　大学進学に向けた高校の取り組み ——— 16
　　　——全日制普通科に在籍する発達障害のある生徒たち
浅田 聡

- 1　高校での特別支援教育　16
- 2　発達障害のある生徒の高校での生活　20
- 3　高校での進路指導とキャリア教育　23
- 4　発達障害のある生徒に対する大学進学に向けての進路指導　26
- 5　発達障害のある生徒に対する具体的な支援の事例　30
- 6　筆者が考える高校での教育相談担当の教員としてのありかた　32

第3章　進学を目指す高校生への情報提供(1) ——— 36
　　　——東京大学先端科学技術研究センター, DO-IT Japan の取り組み
近藤 武夫

- 1　はじめに　36
- 2　DO-IT Japan の基本的な枠組み　37
- 3　プログラムの詳細から　43
- 4　産学官による支援体制　54
- 5　おわりに　55

第4章 進学を目指す高校生への情報提供(2) ── 56
　　　──富山大学の取り組み
　　西村優紀美

- 1 高校と大学をつなぐシームレス支援　56
- 2 発達障害のある大学生へのインタビュー　58
- 3 事前相談窓口の設置　59
- 4 チャレンジ・カレッジ　65
　（発達障害のある生徒の大学体験プログラム）
- 5 おわりに　73

第5章 大学入試センター試験における特別措置 ── 76
　　上野一彦

- 1 障害のある学生への受験上の配慮について　76
- 2 センター試験における発達障害のある者への受験上の配慮について　81

第6章 入学決定から大学入学までの準備 ── 89
　　高橋知音

- 1 事例：人文学部に入学したＹ君　89
　　──一人暮らしへの挑戦と挫折
- 2 大学生活準備性ピラミッド　90
- 3 ピラミッドの階層性と移行期に向けての準備　94
- 4 情報共有と情報管理　98

第7章 発達障害のある大学生の入学直後の困難と支援 ——— 104
村山 光子

1 大学入学後に予想される困難　104
2 大学に必要な支援体制　110
3 早期支援の必要性と大学の支援体制　115

第8章 卒業後の自立につながる大学生活サクセスフルサポート ——— 119
——安心のスタートで学生生活を成功に導く

篠田 晴男

1 インフォーマル支援の実践から　119
　——職能人としての自立を目指した移行支援
2 配慮と支援の最先端　128
　——移行体験プログラム
3 成長への願いでつながるインフォーマルなネットワーク　130
4 今後の課題　133
　——システムからマインドへ

第9章 学生の立場から ——— 136
——進路選択と大学生活

笹森 理絵

1 当事者としての思い　136
2 私の子ども時代　136
3 子ども時代の夢　137
4 高校時代　138
5 大学合格と大学生活での困難さ　139
6 書字が苦手　141
7 サークル活動での困難さ　142
8 一度目の大学卒業　146
9 再び大学へチャレンジ　147

第10章 家族の立場から ——————————— 154
脇坂奈央子

- 1 大学進学決定までの我が家の顛末 154
- 2 大学選択で考えたこと 157
- 3 受験に向けての準備 159
- 4 入学式前にしておくこと 163
- 5 4月を乗り切れ！ 165
- 6 本人の取った対処法 166
- 7 まさかの留年！ 170
- 8 大学への再度の申し入れ 173
- 9 大学に期待するもの 175
- 10 大学から社会への移行 177
- 11 連携から協働へ 178
- 12 今，感じること 178

第11章 ディスレクシア　海を越える ——————— 180
藤堂 高直

- 1 ディスレクシアの留学 180
- 2 留学の動機・留学するまで 182
- 3 留学の一歩 184
- 4 ディスレクシアに対する認識の高さ 187
- 5 ディスレクシアのサポート体制と教育システム 189
- 6 日本からの編入や準備 192
- 7 留学して，大学は出たけれど…… 195
- 8 選択の自由 196

おわりに 198
索引 200

第1章

大学進学前に知っておいてほしいこと

高橋　知音

1 ライフステージにおける大学進学の意味

(1) 数学が得意なAさんの事例（その1）

　Aさんにとって一回目の大学生活はとても苦しいものだった。退学を決めるまでは、ダメ人間だと自分を責めることが多かった。

　小学校時代から算数が得意だったAさんは、上の学年の問題をどんどん解いていった。高校でも数学に関してはクラスメートや教師から一目をおかれる存在だった。一方、自分の考えを自由に表現するような課題は苦手だった。作文は何を書いて良いかわからなかったし、国語の授業で小説を読んで登場人物の心情を答えよと言われても「そんなことわかるわけがない」というのが正直な気持ちだった。国語は苦手科目だったが、選択肢がある問題では、いくつかのパターンやルールを使って正解を見つける方法を習得し、テストではそれなりの点を取ることができた。

　勉強以外の面では、苦手なことも多かった。幼稚園時代、他の子と同じように動けないことが指摘されることがあった。小学校入学後も、教師の指示に従えない、周囲の動きに合わせられないことから、両親は専門家に相談するよう言われた。Aさんは子ども時代をふりかえり、「当時は何をどうしたらいいかわからないことが多かった」と語っている。よくわからないので、自分のやりたいことをやっていた。周りの子を見て、合わせるという発想がなかったということである。小学生時代に医療機関で自閉症スペクトラム障害との診断を受けてから、クラスでは全体への指示に加えて個別に声をかけてくれるようにな

り，行事等の際には副担任が近くにいて，個別に指示をしてくれるようになった。やるべきことがはっきりわかるようになると，それに従って動くことができ，困る場面はほとんどなくなっていった。

　高校で進路を考える時期になり，大学では大好きな数学をさらに学びたいという気持ちが強かったが，家族は将来の就職を考えて，教育学部で数学教師を目指すことを強く勧めた。Aさんはあまり気が進まなかったが，よくわからないことは親の言うことに従っていればうまくいっていたという経験から，教育学部を受験し，無事に合格することができた。

　Aさんの最初のつまずきは，入学直後のガイダンスだった。高校までと違って自分のクラスの教室も，自分の机もない。次にどこに行けばいいのか，何時に行けばいいのか，それがわからず参加できなかったガイダンスもあった。パニックになりそうになりながらも，「困ったときは何でも相談して」と最初の学部ガイダンスで言っていた1年生担当の教員に繰り返し質問することで，なんとか授業を受け始めることができた。

　しかし，授業が始まってみると，大学の授業はAさんが想像していたものとはずいぶん違っていた。教育学部の学生は1年生の時から学校見学に行ったり，グループワークをしたりといった授業が多かった。感想を書いて提出するように言われても，何を書いていいのかわからなかった。グループでディスカッションをするような授業も多かったが，何を言っていいかわからず，ほとんど発言できなかった。時々，気の利く学生から「Aさんはどう思いますか」とふられても，「○○さんの意見はいいと思います」と答えるのが精一杯で，「よくわかりません」としか言えないときも多かった。

　教育学部には元気で社交的な学生が多く，最初は食事に誘われて一緒に行ったりもしたが，テンポのいい会話にはついていけず，誘われても断るようになっていった。次第に大学に行くこと自体がおっくうになり，前期が終わる頃には，ほとんど大学に行けなくなっていた。

　そんな状況であることを親には言えずにいたが，大学から送られてきた成績表を見て驚いた両親がAさんに事情を聞くと，初めて大学での苦しさがAさんから語られた。まもなく後期が始まる時期でもあり，親は専攻の1年生担当教員やカウンセラーに相談するよう促した。Aさんはアポイントメントをとって何度かカウンセラーと話をし，助言も受けて後期の授業にのぞんだが，やはりすぐに苦しくなって，授業に出られなくなってしまった。将来のことまで考え

ながら相談を続けたが，Aさんとしては将来教師としてやっていくことは難しいと感じること，2年次以降の教育学部の授業や3年次にある教育実習でもうまくやる自信がもてないことから，卒業は無理という想いが強くなっていった。最終的には，両親もAさんの気持ちを受け止め，教育学部をやめて，数学を専攻できる学部を再受験することになった。

＊＊＊＊＊＊＊

(2) なぜ大学に進学するのか

　大学は長い人生における一つの転換点になっている。「学校で教育を受ける」という生活の最後の段階であり，卒業後は社会人として自立していくことが期待される。大学という教育機関の機能としては，専門として選んだ学問を学ぶこと，職業人としてやっていくために必要な専門スキルの基礎を学ぶことが中心となる。それらに加え，複雑化する社会の中で生きていくための基礎的な力を，4年間かけて固めていく場としても大学は重要な役割をもっている。

　もちろん，大学は社会に出る前に必ず行かなければならない場所というわけではない。少子化と入学定員の増加で，大学に進学したいと思えばどこかしらの大学には入れる「全入時代」と言われる昨今であるが，4年制大学に進学する高校卒業年代の人の数は，同年代の半数程度である。大学に行かないで専門的な仕事についている人もいるし，社会的に成功している人も少なくない。一方で，大学を卒業してもなかなか就職できない人がいるのも事実である。

　大学は，18歳になったら必ず行く学校ではなく，高校卒業後もさらに学びたい，専門的な職業に就くための準備をしたい人が，自分で選んで進学する教育機関である。授業料も高額で，「なんとなく」利用するには，あまりにコストがかかりすぎる。大学に入ろうと思えば入れる時代だからこそ，「なぜ大学に行くのか」を考える重要性は増していると言える。

　こうした社会状況の中，発達障害のある人にとっても，大学進学は現実的な選択肢の一つとなっている。得意なことと苦手なことの差が激しいのが発達障害の一つの特徴ではあるが，推薦入試やAO入試（アドミッションズ・オフィス入試：学力試験に依存せず，大学の入学者受け入れ方針であるアドミッションポリシーに沿って，提出書類や面接など多様な方法で人物評価を行い合格者を求める方法）など大学入試の多様化や，入試における配慮の拡大によって，

大学進学の機会は確実に広がっている。一方で，入学後の配慮や支援は，まだ発展途上にある。十分な配慮を受けられずにつまずく例もあるが，支援があったとしても人並み以上の努力なしでは先に進めない場合も少なくない。そのような状況があるからこそ「なぜ大学に行くのか」を意識していないと，努力を続けるのは困難になる。

　すでに述べたように，大学に行く理由としては，専門的な学問を学ぶこと，就職の準備をすること，社会人としての自立の準備をすることなどがあげられる。これらを実現するための環境として，お金を払って教育サービスを利用する立場でいられる大学は最適の場所である。目的を達成するために受けられる支援も多いし，なんらかの失敗をしても，自分が困ることは別にして，他者に迷惑をかける範囲も限られている。社会に出て多くの人に対して責任を負う立場で失敗するのとは，影響の及ぶ範囲が大きく異なっている。これらのことをふまえ，以下に発達障害のある人が大学で学ぶことの意義をまとめる。

(3) 大学で学ぶことの意義

① 働くとはどういうことか学ぶ

　発達障害のある人の中で，実際に経験していないことを想像することが苦手な人もいる。そのような苦手さをもっている人にとって，アルバイト，実習，インターンシップを通して働くということを体験できる機会は，自立に向けて重要な意味をもつ。職業選択において，実際にどのような業務があるのか，その一端でも実際に体験しておくことは，現実的な選択を行うためには不可欠である。その職業に就くために，自分にとって足りないことは何か，何を学ばなければならないか，それらを体験を通して知ることができる。障害の有無にかかわらず，初めての「働く」体験では失敗もつきものだが，それも職業について，そして自分自身のことについて学ぶための重要な手がかりとなる。

　もちろん，アルバイトもインターンシップも対外的な活動であり，どんな失敗でも許されるというものではなく，事前に失敗しないための十分な準備が必要となる。そのためには，学生の特徴をよく理解している支援者とともに，この経験に臨むことが不可欠である。失敗すれば自動的に自己理解が深まるというものではないし，失敗に伴う傷つき体験が，大学生活に取り組むエネルギーを奪ってしまうことにもなりかねない。失敗の意味を一緒に考える支援者，場合によってはフォローに入ってくれる支援者と共にこれらの体験をすることが

重要である。

② 自己理解を深め，弱みを補う方法，支援要請の仕方を学ぶ

　インターンシップ等の対外的な活動に比べれば，大学内での失敗への許容度ははるかに高い。単位を落としたとしても次の機会に再度履修すればよいし，お金はかかるが通常より長い期間在籍して卒業することもできる。しかし，ここでも前に述べたように，失敗を繰り返せば自然に成長するというものではない。学習面でも生活面でも，なぜうまくいかなかったかを支援者と共に考えることが重要である。自分の弱みと失敗を関連づけ，どのような工夫をすればその弱みを補えるか試行錯誤することは，卒業後に向けて貴重な経験となる。工夫や努力でカバーしきれない部分は，配慮や支援を求めることになる。自分の特徴（得意，不得意）を関係者に説明し，必要な配慮を求めるスキル（支援要請スキル：セルフ・アドボカシー・スキル，自己権利擁護スキルとも呼ばれる）は，卒業後の自立に向けて最も重要なスキルと言ってもよいだろう。

　特別な支援を受けながら高校生活を送った場合でも，支援要請スキルの獲得が高校での支援の目標として設定されることは少ない。大学は社会に出る前の最後の教育機関であることから，大学時代にはぜひこのテーマに取り組んでほしい。支援者は大学生活がうまくいくことを短期的な目標と設定しながら，長期的には学生自らが支援要請できるようになることを目指していくべきである。その際，その必要性を学生と支援者が共有できるようにすることも必要となるだろう。

③　強みを伸ばす

　発達障害のある学生は得意なことと苦手なことの差が大きい。弱い部分をどう補うかということも重要だが，得意な部分を伸ばせるということこそが，大学で学ぶ最大の理由と言える。好きなこと，得意なことがあっても，それを社会で活かす，仕事に結びつけるためにはそれなりの学習が必要となる。専門的な学習，訓練を通して，得意分野を仕事に結びつけることができれば，それに勝ることはない。

　また，直接仕事に結びつかないとしても，興味のあるテーマを専門的に学ぶ数年間は，何ものにも代え難い貴重な経験である。興味，関心を共有できる仲間との出会いも，一生の宝物となる。

大学で学ぶ意義を3つにまとめて述べてきたが，重要なのは目的意識を明確にして，卒業後までの展望をもって大学を選び，大学生活を送ることである。高校卒業段階ですぐに社会でやっていける力があるかと問われて，YESと答えられる人は障害の有無にかかわらず少ないだろう。発達障害のある人でも，時間とともにできるようになることはたくさんある。しかし，大学に進学すれば自動的に社会でやっていける力がつくものではない。現状では社会でやっていけるあてがないから，とりあえず進学という形で大学生活を送っても，それは問題の「先送り」にすぎない。しかし，「大学4年間でこうやって力を伸ばしていこう」という形での先送りなら，それは人一倍時間がかかる「成長」を待つための，いい意味での「時間稼ぎ」になり得る。
　大学進学を将来の自立に向けて意味のあるものにするためには，明確な目的意識に加え，それを実現する準備と戦略も必要になる。その第一歩は大学選びということになるだろう。

2　進学先選択で考慮すべきこと

　大学進学を決めたら，次は大学で何を学ぶか，どの大学で学ぶかの選択が課題となる。進学後の成功のカギは慎重な進学先選びにある。進学先の情報を集めることに加え，進学を目指す本人の得意不得意についての理解が不可欠となる。発達障害についての知識に加え，大学という環境について詳しい支援者に相談することも，意志決定において必要である。

(1) 大学で何を学ぶか

　大学での専門を選ぶにあたって重要なのは，「好きなこと」「得意なこと」を活かせるかどうかである。それと同時に「苦手なこと」が大学での学習に影響するかどうかを確認する必要がある。
　事例のAさんの場合，数学は得意であるが，「数学を教えること」を学ぶ過程では多くの苦手な課題に直面することに入学後に気づいた。
　大学での学び方や授業で求められることは専攻によって大きく異なっている。仮にその専門の内容が高校の教科と関連のあるものであったとしても，高校の授業で期待されるスキルと，大学で求められるものはまったく異なっている場合が多い。第9章では考古学に興味があった笹森さんの，文学部史学科での苦

労が語られている。進学してから「こんなはずではなかった」ということにならないよう，入学前から大学での授業の内容にまでふみこんで情報収集をする必要がある。

最近は，大学も受験生向けに授業の内容なども含めて情報発信をしている。ホームページや大学案内に加え，オープンキャンパス（受験者向けの大学紹介イベント）の機会を利用し，より詳しい授業の様子について情報収集をするとよいだろう。

興味や関心はもちろん優先されるべきであるが，現実的な卒業可能性についても考慮が必要である。大学での支援も進みつつあるが，その専攻における根本的な部分が苦手さに直結しているような状況では，配慮にも限界がある。たとえば，患者さんとの関わりが苦手だからといって，病棟実習を免除して看護学部を卒業することはあり得ないだろうし，感覚過敏が強くて薬品を扱えないからといって，実験をすべて免除して化学専攻を卒業することもできないだろう。そのような場合は，せっかく進学しても，すぐに進路変更の相談をせざるを得なくなってしまう。

重要なのは，自分の特性と専門分野のミスマッチを避けることである。そのためには自分の特性について本人・家族が詳しく知ること，そして大学の専門分野や授業の様子などについてできるだけ情報を集めることが必要となる。選択肢が増えれば，自分の興味・関心のある領域と関連しつつ，不得意分野が学習の妨げとなりにくい専攻はどこかについての答えが見つかる可能性も高まるはずである。たとえば，学校が好きで職業としての教師に興味はあるが，人と関わることは苦手という場合，教員免許を卒業要件としない学部で教育学を専門としながら，教育の歴史や制度を学ぶという選択肢もある。得意なコンピュータのスキルを活かして，教育に役立つソフトウエアを開発する技術者を目指すという道もあるだろう。

(2) どの大学で学ぶか

大学院レベルでは，「この分野を学べるのは日本でこの大学のこの研究室しかない」ということもあるだろうが，学部レベルではここまで限定的にはならない。学びたい領域が決まれば，それを学べる大学には多くの選択肢がある。そこから，いくつかの候補にしぼりこんでいく際，どのような点を考慮する必要があるだろうか。

第一に自宅通学か，一人暮らしかという点である。将来の自立を考えれば，大学時代の一人暮らし経験から学べることは多い。一方で，家族との生活から一人暮らしへ，高校での学びから大学での学びへという二つの劇的な変化に対処することは現実的でないという場合もあるだろう。とりわけ，苦手さの範囲が生活面の広範囲にわたり，新しい環境への適応は著しく困難ということであれば，自宅通学を選択する方が無難である。

しかし，そもそも自宅から通学できる範囲に選択肢がないという場合もあるだろう。通常，大学では学生に寄り添って日々の生活を支えるような支援は提供していない。しかし，一人暮らしが難しいということを理由に大学進学をあきらめる前に，さまざまな可能性を検討してほしい。たとえば，大学所在地域の障害者支援の専門機関に利用可能なサービスについて相談する，発達障害のある人の生活スキルの習得を支援してくれるようなNPO法人や専門学校を利用するといったことがあげられる。また，通学は無理だが，週末に行き来するには無理のない範囲であれば，少なくとも入学前後の時期に家族が週末ごとに訪問することでうまくいくかもしれない。それでも一人暮らしは難しいという場合は，放送大学や通信制の大学（第11章参照）で学ぶという選択肢もある。

(3) 入試方法

入試方法についても大学選びの一つの判断材料になる。近年，大学入試は多様化している。一般入試，推薦入試，AO入試など選択肢が増えているだけに，自分に合った受験方法を選べるようになってきている。どのような入試の形態があるかは，各大学のホームページやオープンキャンパス，予備校や受験関係の雑誌・ホームページなどにも詳しい情報がある。

入試形態の多様化に加え，実際の筆記試験における個別のニーズに応じた配慮の範囲も広がってきている。一部の大学における個別対応は従来から行われていたが，2011年に始まった大学入試センター試験における特別措置のインパクトは大きい。センター試験における配慮の詳細は第5章を参照してほしい。

入試における配慮は，すべての大学で一律に行われるべきだが，大学によって取り組みに差があるのも事実である。入試時の配慮について積極的に相談に乗ってくれる大学は，入学後も同様の配慮が期待できる。障害学生支援の窓口や入試課などに，まずは相談してほしい。

大学入試において配慮が必要となることが予想される場合，早い段階からの

準備は不可欠である。入試での配慮を受けるためには，高校までにどのような支援や配慮を受けていたかということが問われる。高校入学後の早い段階から，高校卒業後までを視野に入れた支援のあり方について本人，家族が高校と相談していくことが求められる。

(4) 支援体制

大学選びにおいて，「何を学ぶか」が最優先されるべきではあるが，発達障害のある人で継続的な支援や配慮が必要な場合は，どのような支援が受けられるかも考慮する必要がある。障害のある学生への配慮について2012年の12月に文部科学省が通知を出し，大学も支援への取り組みを進めつつあるが，大学によって支援のあり方にはばらつきが大きい。富山大学や東京大学のように発達障害のある学生を支援するための専門の部署を設ける大学もあれば，障害学生支援の専門部署や専任の担当者をもたない大学もある。何らかの支援がなければ大学生活を送ることが難しい場合，実際に必要な支援が受けられるかどうかは，すでに述べた「大学進学の目的」を達成できるかどうかのカギになる。では，大学での支援の現状はどうなっているだろうか。それについて以下に詳しく紹介する。

3 大学における支援の現状

(1) 数学が得意なAさんの事例（その2）——二度目の大学入学

大学をやめることを決め，しばらくは勉強が手につかなかったAさんであったが，落ち着いてくると少しずつ勉強がはかどるようになってきた。やるべきことがはっきりしていれば集中して取り組めるAさんは，同じ大学の理学部に合格した。

再受験を決めてからも親身に相談に乗ってくれていた教育学部の教員から，新しく大学に障害学生支援室ができるから，4月に入ったら相談するようにと声をかけられた。4月になり，すぐに教えてもらった窓口に行くと，障害学生支援コーディネーターが話を聞いてくれた。Aさんが一度目の大学生活の入学当初からの苦労を語ると，コーディネーターは「新入生ガイダンスと授業への対応を分けて考えましょう」と語り，まずはガイダンスの日程や場所，提出書

類などを整理した資料を一緒に作ることになった。また，理学部の1年生担当の教員に連絡をとり，履修や授業面での必要な配慮について，3人で考えることになった。少人数でのディスカッションが中心となる授業では，担当教員に依頼し，必要な時には教員が質問を言い換えるなど，発言しやすいよう配慮してもらえることになった。こうした準備もあり，Aさんは二度目の大学生活を順調に始めることができた。うまくいかなかったとは言え，すでに一度大学生活を体験していたことで，大学生活で何をしなければいけないかについて具体的なイメージをもてたことも役立った。コーディネーターとは週1回の面接を続け，授業で困ったことについて具体的な助言をもらったり，次の1週間の予定や課題の確認をしている。

　2年生になってからは自分のやりたい数学を学ぶ時間が増え，高校時代のように「学ぶことは楽しい」と思えるようになった。友だちと言えるかどうかはわからないが，難しい課題について同じ専攻の学生と話をすることは楽しいと感じている。3年生になって研究室への配属が決まると，大学院生の先輩と話す機会もでき，数学を活かした就職の仕方もさまざまであることを知り，少しずつ卒業後のことを考えるようになってきている。

＊＊＊＊＊

　大学では発達障害のある学生への支援が少しずつ進んできている。障がい学生への配慮を求めた文部科学省の通知（2012年12月）もあり，Aさんの事例のように，障害学生支援の専門部署が新たに開設される例も増えていくことが予想される。ここでは，大学における発達障害のある学生支援に関する動向をまとめる。

　発達障害のある学生が大学で支援を必要としていることは，2000年代に入ると支援関係教職員の間で少しずつ認識されるようになっていったが，大学としての組織的な取り組みは十分に行われてこなかった。こうした中，2007年に文部科学省が先進的な学生支援の取り組み（学生支援ＧＰ）を募集した際，4校の大学と，2校の高等専門学校が，発達障害のある学生の支援を含むプロジェクトを提案し採択された。これが組織的取り組みの端緒であり，以後，発達障害のある学生の支援に関する専門部署を設ける大学もでてきた。

　専門部署をもたない大学では，保健管理センターや学生相談室が対応している場合が多い。実際には医療やカウンセリングの枠組みだけでは発達障害のあ

表1-1 発達障害のある学生の支援に関わる大学の部署の名称の例

(1) 障害のある学生のための支援	障害学生支援室, バリアフリー支援室, キャンパス自立支援室, コミュニケーション支援室
(2) 学習支援	学習支援室, ラーニングセンター, アカデミックサポートセンター
(3) 大学生活全般の相談窓口	学生なんでも相談室, 学生支援センター, 学生サポートセンター, キャンパスライフ支援室
(4) 心理的・身体的健康に関する相談窓口	保健管理センター, 健康センター, 学生相談室, カウンセリングセンター, 保健室

る学生の多様なニーズに応えきれない場合も多く,キャリアセンターや学習支援センターなどを利用する場合もある。障害学生支援の専門部署をもつ大学では,そこが対応にあたる場合もある。これらの学生支援関連の部署は大学によって名称もさまざまである。名称のバリエーションについて,表1-1にまとめた。

(2) 障害学生支援

障がいのある学生が増加していること,2006年に国連が採択した「障害者の権利に関する条約」の締結に向けて国内の環境整備を進めていたことを背景に,文部科学省は2012年に「障がいのある学生の修学支援に関する検討会」を設置し,12月には報告書をまとめた。

2013年12月に批准された「障害者の権利に関する条約」では,「障害者が,差別なしに,かつ,他の者と平等に高等教育一般,職業訓練,成人教育及び生涯学習の機会を与えられることを確保する。このため,締約国は,合理的配慮が障害者に提供されることを確保する」(第24条第5項)と定められている。これを実現するために,文部科学省の報告書では高等教育機関における「合理的配慮」の考え方と,大学における今後の課題についてまとめている。

(3) 合理的配慮

合理的配慮は報告書の中で表1-2のように定義されている。ポイントは障がいのある学生の権利を保障するために,「大学が変更・調整」を行うということである。一般に障害というと,身体や脳の一部が多くの人と同じように機能しない状態,それが治療や本人の努力によって短期間に改善しない状態がイ

表 1-2 「障がいのある学生の修学支援に関する検討会」による合理的配慮の定義

> 「障がいのある者が，他の者と平等に「教育を受ける権利」を享有・行使することを確保するために，大学等が必要かつ適当な変更・調整を行うことであり，障害のある学生に対し，その状況に応じて，大学等において教育を受ける場合に個別に必要とされるもの」であり，かつ「大学等に対して，体制面，財政面において，均衡を失した又は過度の負担を課さないもの」

メージされることが多いのではないだろうか。これは「機能障害」があるという状態である。一方で，何らかの機能障害があっても，すべての活動に支障を来すわけではない。たとえば，車いすを利用している人の「目的地への移動」という活動を考えてみよう。すべての道路，建物，公共交通機関が，車いすでもスムーズに利用できるようになっていれば，特別な手助けを必要としない。しかし，段差があれば自分の力だけではその活動が行えなくなってしまう。こう考えると，特別な支援が必要となるかどうかは，その人がどのような機能障害をもっているかということだけではなく，環境が整っているかどうかということにも影響を受けることがわかる。このように一部の人の活動を制約するような社会的な環境（物理的な環境だけでなく制度やきまりなども含む）のことを「社会的障壁」と言う。

　合理的配慮とは，社会的障壁をできるだけ小さくするよう，環境を変えていくことである。大学で言えば，車いすに乗っていても教室に入れるように物理的環境を整えることが一つの例としてあげられる。しかし，合理的配慮はハード面の整備だけに限られたものではない。多くの場合，大学での学習は，講義を聴いたり，資料を読んだりすることによって行われる。それゆえ，視覚や聴覚に関する機能障害があると，教育を受けることが難しくなる。しかし，文献資料を電子化して音声化したり，講師の話を手話通訳したり画面に文字で示したりすれば，視覚や聴覚の機能障害があっても，学習が成立する。このような形で「教育における社会的障壁を小さくしていきましょう」というのが，大学に求められている合理的配慮である。

　障害のある人の進学に関して，「障害のある人は受験してはいけません」といって，障害を理由にあからさまに受験を拒否する例はこれまでも多くなかったと思われる。しかし，「受験してもかまわないが，この大学では体制が整っていないので特別なことはできません」といった対応は少なくなかったのではないだろうか。前者が障害を理由とした直接的な差別であることは明白だが，

後者は「間接的差別」であり，これも障害を理由とした差別にあたる。障害者の権利に関する条約でも，「合理的配慮の否定」は，障害を理由とする差別になるということが明記されている（第2条）。障害のある学生への支援は，一部の熱心な大学が親切心からやるというものではなく，学生の権利を保障するための大学の義務であるということを大学は認識する必要がある。

一方で，合理的配慮の定義には「体制面，財政面において，均衡を失した又は過度の負担を課さないもの」という要素も含まれている。どこまでの負担が「合理的」で，どこからが「過度の負担」かについては，明確な基準があるわけではない。しかし，大学として「予算が足りないから新しいことはできません」とは言えなくなっていくだろう。文部科学省も予算措置をして，体制を整える方向で考えているようである。まず，学生はどのようなニーズがあるのかを主張すること，そして大学はそのニーズに応えるためにどのような方法があるか考えることが求められる。

(4) 障害学生支援室

合理的配慮は大学が行う変更・調整であるから，学生本人の努力だけでその変更・調整を実現させることは難しい。大学と学生の間に立ち，学生のニーズを理解し，必要な配慮が受けられるようにアレンジする役割が必要である。大学組織において，その役割を担う専門部署が障害学生支援室（別名称は表1-1(1)参照）である。そこで支援の中核を担うスタッフは「コーディネーター」と呼ばれる場合が多い。

平成24年度に行われた調査（日本学生支援機構，2013）において，障害学生支援の専門部署を設置しているのは，大学，短期大学，高等専門学校1197校中90校（7.5％）で，まだ一部の大学に過ぎないことがわかる。文部科学省の報告書では，「障害学生支援についての専門知識を有する教職員が学生本人のニーズをヒアリングし，これに基づいて迅速に配慮内容を決定できるような体制整備が求められる」と明記されていることから，今後，専門部署の設置が進んでいくものと思われる。

専門部署を設けていない大学では学生支援センター等の学生系事務組織，保健管理センター，学生相談室が障害学生支援を担当している場合が多い（平成23年度障害のある学生の就業力の支援に関する調査（日本学生支援機構，2012））。これらの部署で障害のある学生の支援に取り組む場合，スタッフは「合

理的配慮」の概念についての理解を深めることが求められる。保健管理センターや学生相談室は，主に心身の健康に関するニーズのある学生の支援を行う専門部署として，多くの大学で設置されている。これらの部署では医学的・心理学的視点から学生支援にあたるが，一般的にこれらのアプローチでは「患者，クライエントが変わること」を支援する。たとえば，病気の状態があれば治療するという考え方である。それに対し，障害学生支援では，「大学の側が変わること」が求められている。既存の部署が新たに障害学生支援を担当する場合には，必要な支援を提供するために，スタッフは新たな発想を取り入れていくことが求められる。

(5) 支援の内容

日本学生支援機構（2013）は，実際に大学で行われている支援についての調査結果をまとめている。実施している大学数が多いものとしては，休憩室の確保，実技・実習配慮，注意事項等文書伝達，教室内座席配慮，試験時間延長・別室受験などがある。授業以外の支援としては，学習指導，カウンセリング，社会的スキル指導などがあげられている。また，こうした直接的な支援に加え，保護者，出身校，発達障害者支援センターとの連携など，関係者や専門機関との連携にも取り組んでいることが示されている。

(6) 特別支援教育と障害学生支援との違い

文部科学省の報告書もふまえ，障害のある人の権利保障の考え方に基づいた障害学生支援が今後充実していくことが期待される。高校から大学への進学にあたり，高校まで特別支援教育を利用していた場合，本人や家族は特別支援教育と障害学生支援は趣旨が異なっているということについて理解しておくことが重要である。

文部科学省は特別支援教育を「幼児児童生徒一人一人の教育的ニーズを把握し，その持てる力を高め，生活や学習上の困難を改善又は克服するため，適切な指導及び必要な支援を行うもの」と定義づけている。特別支援教育の目的としては，「力を高め」「困難を改善または克服するため」といった，教育を受ける者の「力を伸ばしていく」といった要素が含まれている。これに対し，障害学生支援の中心概念である「合理的配慮」においては，権利保障のために環境調整は求められているが，「学生の力を伸ばす」といった要素は含まれていない。

環境調整等の配慮を行うから，あとはがんばって勉強しなさいというスタンスである。

発達障害のある学生への支援が充実している米国でも，大学に義務づけられているのは，権利保障のための環境調整が中心である。個人の特性に応じて一人ひとりの力を伸ばしていくことを目指すようなサービスは一部の大学でしか提供されていない。それらは個人的サービス，発展的サービスとして，有料で提供されている場合もある（高橋・篠田, 2008）。

今後，我が国でもすべての大学で合理的配慮が受けられるよう，体制の整備が進むと思われる。しかしそれは，どの大学に進学しても，得意や苦手を考慮しながら社会でやっていけるような力を身につけさせてもらえるようになるわけではない。進学を考える本人・家族は，進学先として考えている大学で受けられる支援について，事前に大学の支援担当者と相談することで，「こんなはずではなかった」という事態にならないようにしてほしい。

[参考文献]

日本学生支援機構（2012）．平成23年度（2011年度）障害のある学生の就業力の支援に関する調査結果報告書

日本学生支援機構（2013）．平成24年度（2012年度）大学，短期大学及び高等専門学校における障害のある学生の修学支援に関する実態調査結果報告書

高橋知音・篠田晴男（2008）．米国の大学における発達障害のある学生への支援組織のあり方　LD研究, **17**, 384-390.

文部科学省(2012)．障がいのある学生の修学支援に関する検討会報告(第一次まとめ)

第2章

大学進学に向けた高校の取り組み
―― 全日制普通科に在籍する発達障害のある生徒たち

浅田　聡

1　高校での特別支援教育

(1)　筆者が思う発達障害の生徒とその進路指導

　本章のテーマは，「発達障害のある高校生の大学進学上の不安を解消するために，高校・大学・家族は何ができるか」である。高校から大学への進路選択が，高校までの選択と何が違っていて，どのような準備を進め，実際に取り組むべきかを明らかにすることが主旨であると思う。しかし，発達障害のある生徒の支援は極めて個別的で，これをやればいいという明確な方法があるわけではない。また，進路選択においては，発達障害のある生徒本人の努力だけではなく，保護者，教員，友人などの周囲の協力が必要で，こうした方々のすべての不安を解消できる情報を提供することも難しいのかも知れない。

　公立と私立や普通科と専門課程など高校の内容の違いは様々であるが，筆者は，全日制普通科の私立学校に25年余り勤務する教諭である。15年前より教育相談担当教諭として活動している中で発達障害のある生徒と出会ってきた経験から，少しでも進路選択の不安を解消するための役立つ情報を提供できたらと思うが，経験の狭さから，限定的な視点になってしまっていたり，支援の専門家の方々から見ると間違った対応になっていることがあるかもしれないがお許し願いたい。

　筆者は，発達障害のある生徒の進路支援・進路指導の中心は，高校という環境に適応し安全に生活させることにあると考えている。一般の生徒と同じように生活・学習していくことの上に，発達障害のある生徒としての個別の特性に

第 2 章　大学進学に向けた高校の取り組み

応じた進路支援というものが存在していると思う。通常の学級から全日制普通科に進学した，あるいは進学を考えている発達障害のある生徒とその保護者の方に，進路選択という視点から高校生活の意義について改めて考えていただくような，情報提供ができたらと思う。

(2)　全日制普通科高校での特別支援教育

①　発達障害のある生徒の高校への進学者の割合

　中学の通常学級に在籍していた発達障害のある生徒のうち，どれくらいの生徒が高校に進学しているのだろうか。2012年の「通常の学級に在籍する発達障害の可能性のある特別な教育的支援を必要とする児童生徒に関する調査について」（文部科学省）によると，学習面か行動面に著しい困難をもつと通常の学級担任が回答した児童生徒の割合は，6.5％（小学校7.7％・中学校4.0％）であった。中学3年生の発達障害等困難のある生徒の割合は，2009年の調査では2.9％で，そのうち75.7％が高校へ進学している。課程別では，全日制へは1.8％，定時制14.1％，通信制15.7％。学科別では，普通科2.0％，専門学科2.6％，総合学科3.6％となっている（図2-1）。

　高校での発達障害のある生徒への支援は，高校選びから始まる。本人に合った学校を選ぶポイントは，実際に本人と保護者が学校見学をして，個別の障害の程度に合った安心感が得られる環境であるかを見る。入学前に障害について高校と相談し支援体制の内容について，（入学試験についての配慮なども）しっかり確認しておくことが必要である。その折に，入学が決まった後の相談の窓口がどこになっているのか（教頭・生徒指導部・養護教諭・教育相談室など），

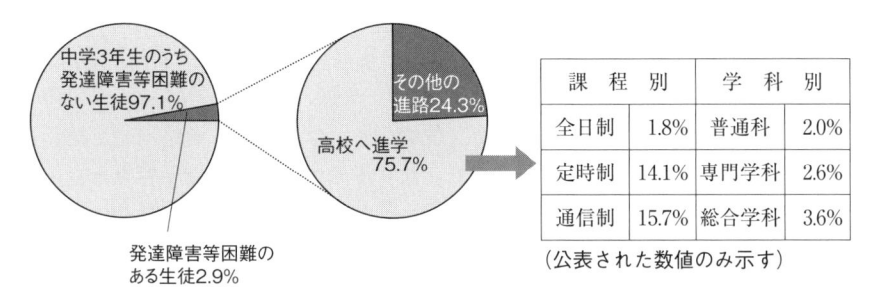

課　程　別		学　科　別	
全日制	1.8％	普通科	2.0％
定時制	14.1％	専門学科	2.6％
通信制	15.7％	総合学科	3.6％

（公表された数値のみ示す）

図2-1　発達障害等困難のある生徒の高校進学率（特別支援教育の推進に関する調査研究協力者会議高等学校ワーキンググループ報告，2009）

確認しておくべきである。大学への進学を考えると，一般的には進学実績や学力中心の進路選択をするのだが，発達障害のある生徒の場合は本人の個性に合った環境選びが優先されるべきであろう。

② 私立学校での特別支援教育の状況

　高校での特別支援教育は，すぐれた支援をしている学校がある反面，全体としてはまだまだ発展途上にある。特に私立では，積極的に発達障害のある生徒を受け入れている学校を除き，一般には支援の有無さえ明確にされることはない。高校側の理由として考えられるのは，発達障害のある生徒を入学させたくないということではなく，支援の範囲が限定的であるため，発達障害のある生徒が数多く集まることを避けたいのだと思われる。公立では当たり前の支援を学校自前で行わなくてはならなかったり，特に経営者側に発達障害への理解がなければ，特別支援の情報さえ教員に入らないこともある。

　筆者は，2007年度に私学教育研究所委託研究として「私立中学・高等学校に在籍する軽度発達障害の生徒とその支援体制に関する実態調査」というアンケート調査を行った（浅田，2009）。全国1325校の私立高校に対し実施し，527校の回答（回答率39.8％）を得た。発達障害および疑いのある生徒が在籍していると回答した学校は61％（在籍数1～5名が50％）。障害の種別では，アスペルガー症候群・高機能自閉症などの自閉症系の障害の生徒は学校の種別にかかわらず在籍していることがわかった。また，特別支援の校内委員会や支援体制があると回答した学校は6％の状態であった。全日制普通科では，発達障害および疑いのある生徒の進級や卒業に関する基準は，一般の生徒と同じなのが基本であり，進学校では四年制大学および短期大学・専門学校に入学していた。

　進路についての配慮も，「保護者・本人の意向にしたがう」「特に配慮なし」が大半を占め，具体的な指導も「ＡＯ入試や推薦入試などの活用」「面接の練習」など消極的なものにとどまった。就職が多い学校では，資格取得を勧めたり，社会人としてのマナーの指導があったりするほか，障害者手帳をとってもらう，就労支援センターへつなぐなどもあげられた。進学先への連絡つまり移行支援の実施ケースは，高校から「特別連絡しない　38％」，「保護者・本人の意向に沿って　28％」，「問い合わせがあれば役立つ情報は伝える　14％」であった。また，大学側に相談に行ったケースをもっている高校も10％で，併設の

大学などへの報告がほとんどであった。
　結果として，発達障害のある生徒に対する特別な支援に取り組んでいるのは，発達障害のある生徒を積極的に受け入れている特別な高校に留まっていた。さらにこの調査で気になったことは，発達障害のある生徒の中途退学者や卒業者の中に，進路先不明の生徒が一定数いたことである。学校という場を離れた生徒が，何らかの社会的なしくみとつながっていればよいのであるが，引きこもってしまい，社会から孤立した状況になることだけは避けたいものである。

③　筆者の高校の場合
　筆者の勤務する高校（以下本校とする）は，1学年350名の中規模の学校で，95％以上が進学（4年制大学へは70％）する中堅の進学校である。本校を志望する生徒・保護者の多くは，本校での学力の向上を願い次の進路へつながることに期待している。
　本校でも，一般の私学と同様に発達障害のある生徒やその疑いのある生徒に対して，特別な支援があるわけではない。一般の生徒の悩みや学校不適応などの問題と同じように，週に2回来校しているスクールカウンセラーや教育相談担当の教員が中心となり，個別に困難に対応している。カウンセリングルームは用意されているが，通級や別室登校の生徒が常時いられる部屋はない。
　発達障害のある生徒が，全日制・普通科に2％前後が在籍しているという調査結果は，本校での筆者の実感とほぼ一致している。発達障害という場合，ＡＤＨＤ（注意欠陥多動性障害）・ＬＤ（学習障害）・広汎性発達障害（アスペルガー障害・高機能自閉症など）を示しているが，この診断を受けた生徒が本校へ入学してくることは，近年増えてはきたもののまれである。ほとんどの生徒は，行動の観察や対人関係でのトラブル，不登校などの問題行動から予想される，いわゆる「発達障害の疑い」のある生徒である。筆者が教育相談の立場として対応することが多いのも，担任や教科担当者から連絡を受けた，学校で不適応を起こした「発達障害の疑い」のある生徒や保護者に対してである。対人関係の問題から広汎性発達障害の疑いのある生徒の事例がもっとも多く，提出物が出せない，授業に集中できない，英単語が覚えられないなど学習上の問題からＡＤＨＤやＬＤの疑いのある生徒の事例が続く。
　本校への受験前や合格後に，診断を受けた子どもの発達障害に関して相談室へ来られる保護者も少数派である。実際のところ，あらかじめ相談に来た生徒

に対して，入学後に特別な支援を必要とした例は非常に少ない。それ以前の支援のおかげで，本人たちは学校で生活できるスキルを十分に身につけていることが多いからだ。本人たちの成長も大きいが，保護者，小・中学校の先生方，医療機関などの専門的に支援に当たられた方々の成果であることは明らかである。

　本校を志望する発達障害のある生徒や保護者が本校を選んだ理由として，大学進学につながる学習環境を求めている他に，きめ細やかな指導体制やいじめに合わないような安全な環境を求めていることが挙げられることがある。高校に特別な支援を求めなくても，小学校・中学校で何らかの困難な状態があったのであれば，入学が決まった後でも高校に連絡しておいたほうがよく，その情報により高校の教員の意識が変わり，クラス分けや担任を検討したり，学年の体制を整備することで，いじめなどの予防につなげられると筆者は考えている。

2　発達障害のある生徒の高校での生活

(1)　中学校と高校の生活の違い

　高校では，義務教育の中学校までと違い，生徒自らが望して進学してきたという主体性が問われることが多い。

　欠席が多くなると（一般的に出席日数の3分の1を超えると）進級が難しくなることは分かっているが，授業に参加していなければ欠課となり，授業に出席したことにならないことまで理解していないことが多い。不登校生徒への特別な配慮がある学校を除き，保健室登校や別室登校も欠課となり，苦手な科目や嫌いな科目だからといってその時間だけ欠課を続けると，留年などにつながってしまう。学習面でも試験などにより一定の合格点に達しないと，その科目の単位の認定がされない。その他に，通学の範囲も広がったり，たくさんの部活動を通じて他校と交流があったり，アルバイトなどもできる高校も多く，交友関係が学校内だけに留まらず学校外へと広がっていく。

　主体性が求められるとはいえ，発達障害のある生徒にとって自分に合った高校生活が見つけられるまでは，保護者や教員が様子を見ながら相談にのってあげることは必要であろう。

(2) 高校で生活するうえで必要なこと

　筆者は，発達障害のある生徒が順調に高校生活を送るために必要なものを2つ考えている。1つ目は「学校生活や集団の中で過度にストレスをためこまない」ようにできること，2つ目は「生活スキル・学習スキル」をある程度身につけていることだ。当たり前のことをいっているようだが，実際，高校入学後すぐに不登校になる生徒の中に，小・中学校ではクラスに入らず保健室登校や別室登校を続けていた生徒が一定以上の数含まれている。学校生活や集団の中でストレスをためやすい状態でありながら全日制普通科高校へ入学することについて，本人・保護者との間で十分検討されていないと思われる事例は非常に多い。例えば，宿題を完璧に終わらせなければならない，欠席したくない等に強いこだわりをもつことからストレスをため，学校不適応な状態になったり，うつや精神疾患を患う生徒も多い。宿題の軽減や出欠席に対して柔軟に対応するなど，教科担当や担任の配慮があっても休学・転退学（通信制・単位制高校やサポート校へ）になってしまう。高校は，心身共に思春期の難しい時期だが，環境がある程度整っていれば，高校に入って初めて二次障害のようなことが起こる事例は，稀ではないかと筆者は考えている。

　生活スキルとは，定時の登下校，授業への参加，身の回りの整理整頓ができる，教員の指示が理解できる，提出物の期限が守れる，身なりを清潔に保つ，他人に迷惑をかけないなど，学校という集団生活ができる能力をさす。また，困った時に適切に助けを求められる力も大切である。私学においては，入学と同時に，校風に合った一貫した生活指導を通して，改めて生活スキルを学び直すのが一般的である。発達障害の疑いのある生徒でも，はじめは戸惑いはあっても，高校まで生活ができてきた生徒であれば，周りの生徒に合わせて適応していくことが可能ではないか。また，高校生になれば周囲の生徒も，障害を個性とみなしてくれることも多いと思われる。

　学習スキルとは，学校独自の課題がある場合を除き，授業をみんなといっしょに受けられる，ノートがきちんととれる，わからないところを適切に質問できるなど，中学校までに十分身についているスキルである。学力試験を経て入学しているため，授業内容にまったくついてこられないという生徒も通常は見られない。学校は入学を許可している責任もあり，生徒に苦手科目があっても個別に面倒を見てくれることも多いはずである。学習黒板が見づらいから席

を前に，聞き取りが悪いから指示を黒板に書いて欲しいなど生徒からの要望には，学校は一般の生徒の相談事と同じようにして対応していく。時には，英語の単語が覚えられない，漢字が覚えにくい，計算が苦手，などの生徒に出会うが，これらをＬＤ（学習障害）とするのは難しい。学校からの指導に対し過剰なストレスを感じなければ，これまでのスキルを駆使し何とか適応していくものである。今後は，学習面でのストレスを少しでも軽減するためにも，ワープロソフト，計算機，ボイスレコーダーなどの機器の使用を検討していきたいと筆者は考えている。高校になれば学習内容が高度になり，暗記中心の学習から論理的な考えができるような学習が中心となるが，それらを困難に感じることは障害のない生徒でも同じことである。本校の場合，通常の授業だけでは理解が難しい生徒には，障害の有無にかかわらず個別に放課後などに補習で対応している。

(3) コミュニケーション能力について

　発達障害のある生徒は，子どもの頃からことばや行動面で問題を抱えてきている。年齢が進むにつれ，対人関係も複雑になり，行動面の問題から社会性・コミュニケーションの問題が大きくなってくるようである。相手の気持ちを想像したり，状況を読んだりすることが苦手な自閉症スペクトラム障害の生徒には，徐々に生きにくさを感じることが多くなることが予想される。
　全日制普通科高校に進学してくる生徒の場合，ある程度知能が高いため，「少し変わった子」「わがままな子」と見られながらも，周囲に合わせる方法を獲得し乗り切ってきた生徒が多いと思われる。学校生活のパターンが大きく変化するわけではないので，対人関係を過度に求めなければ，高校入学時は苦労するもののほとんどの生徒は適応していく。他人と関わるのが苦手，自分からは積極的に人と接することがない生徒は，周りに迷惑をかけているわけではないので，いじめや過度なストレスによって二次障害がおこらないような，いわゆる「環境調整」の配慮をするだけでよいことが多い。周りと積極的に関わろうとしてトラブルを起こすタイプでも，周囲も個性と認識し，対応に慣れてくれば大きな問題になることは少ない。コミュニケーションが苦手・友人がつくれないことに悩んでいれば相談の対象となるが，実際にはそうした悩みは一般の生徒から聞かれることのほうが多い。
　しかし，学校から発達障害のある生徒の行動が問題とされるのは，周囲との

かかわりの中で，相手にとって迷惑と認識される行為が繰り返される場合である。例えば，立ち歩きや質問をやめないなどの授業の進行を妨げる行為，友人に暴言をはいたり暴力をふるってしまうなど，他人との距離感がつかめない行為が続いた場合，本人に早期にスキルを身につけてもらう必要がある。

　一方で発達障害のある生徒側からすると（周囲からは問題のないように見えても），困ったことが伝えられない，困っていることが理解されないというコミュニケーションの悩みがあるのかも知れない。まず，高校では，本人の困り事・困り感がうまく伝わる人（教育相談教諭・養護教諭・スクールカウンセラー（ＳＣ）など）を見つけておくことが大切である。困ったことを伝える能力は，成長や経験する中で身についていくことも多く，学校場面においては一つの通過点ではないかと筆者は考えている。

3　高校での進路指導とキャリア教育

(1)　全日制普通科高校の進路指導（本校を例として）

　少子化による大学全入時代といわれる中，入試方式も多様化し，大学の学部・学科も多彩なカリキュラムを用意し，教育環境の充実が進められている。高校での大学進学に向けての進路指導の取り組みとして，こうした受験環境の急激な変化に対応できる情報提供を，生徒にだけではなく保護者へも行うことが重要になっている。

　本校での進路指導は，3年間の進路計画に基づき，ホームルーム活動（ＨＲ）の時間を活用し，自己理解について深めるワーク，仕事や社会の研究，学問の研究，文理選択について，大学入試について必要な情報の収集，志望理由のまとめ，小論文指導などを行っている。また，年に数回，進路説明を生徒向け・保護者向けに行い，個別進路説明会（大学や専門学校側が本校に来校して行われる），大学からの出張（模擬）授業，オープンキャンパスへの積極的な参加を促すことなどをしている。10名ほどの就職希望者に対しても，ハローワークと協力し，必要な情報と就職試験に必要な一般教養試験などの対策も行っている。

　しかし，生徒に受験という大きなハードルを越える力がなければ，いくら情報を提供しても意味がない。有名大学や人気学部に対する進路指導が模試など

の偏差値を中心としたものであることは昔と変わりはない。

(2) キャリア教育によって期待される能力をつけるには

キャリア教育とは，文部科学省の求める進路指導の全体像をさしている。新しい学習指導要領では，幼稚園から高校まで目標が掲げられ，継続的なキャリア教育の充実が求められている。

2011年1月，中央教育審議会は答申「今後の学校教育・職業教育の在り方について」を公表し，キャリア教育の新たな方向性が示された。新たに定義されたキャリア教育とは「一人一人の社会的・職業的自立に向け，必要な基盤と

各学校種におけるキャリア教育推進のポイント

○小学校
「社会的・職業的自立にかかる基盤形成の時期」
・自己及び他者への積極的関心の形成・発展
・身の回りの仕事や環境への関心意欲の向上
・夢や希望，憧れる自己イメージの獲得
・勤労を重んじ目標に向かって努力する態度の形成

○中学校
「現実的探索と暫定的選択の時期」
・肯定的自己理解と有用感の獲得
・興味関心等に基づく勤労観職業観の形成
・進路計画の立案と暫定的選択
・生き方や進路に関する現実的探索

◎高等学校
「現実的探索・試行と社会移行準備の時期」
・自己理解の深化と自己受容の
・選択基準としての勤労観職業観の確立
・将来設計の立案と社会移行期の準備
・進路の現実吟味と試行的参加

重視のポイント「普通科の場合」
1．キャリア教育の視点から教科指導を見直そう
2．キャリア教育の「断片」を関連づけよう
3．インターンシップを充実させよう。

『基礎的・汎用的能力』とは……	
「分野や職種にかかわらず，社会的・職業的自立に向けて必要な基盤となる能力」	
人間関係形成・社会形成能力	多様な他者の考えや立場を理解し，相手の意見を聴いて自分の考えを正確に伝えることができるとともに，自分の置かれている状況を受け止め，役割を果たしつつ他者と協力・協働して社会に参画し，今後の社会を積極的に形成することができる力である。
自己理解・自己管理能力	自分が「できること」「意義を感じること」「したいこと」について，社会との相互関係を保ちつつ，今後の自分自身の可能性を含めた肯定的な理解に基づき主体的に行動すると同時に，自らの思考や感情を律し，かつ，今後の成長のために進んで学ぼうとする力である。
課題対応能力	仕事をする上での様々な課題を発見・分析し，適切な計画を立ててその課題を処理し，解決することができる力である。
キャリアプランニング能力	「働くこと」の意義を理解し，自らが果たすべき様々な立場や役割との関連を踏まえて「働くこと」を位置付け，多様な生き方に関する様々な情報を適切に取捨選択・活用しながら，自ら主体的に判断してキャリアを形成していく力である。

図2-2　新しいキャリア教育が目ざす「基礎的・汎用的能力」（中央教育審議会，2011）

なる能力や態度を育てることを通して、キャリア発達を促す教育」を意味する。ここでは、キャリア発達とは、社会の中で自分の役割を果たしながら、自分らしい生き方を実現していく過程であるとしている。その上で、一人一人の社会的・職業的自立に向け、必要な基盤となる能力として「基礎的・汎用的能力」を提示している。つまり、キャリア教育とは「生き方について考えさせる」ことであり、単に職業について考えさせるだけではなく、「基礎的・汎用的能力」が育成されることが求められているのである（図2-2）（国立教育政策研究所 2010, 2011, 中央教育審議会, 2011）。

　筆者の高校では、(1)に示したように進学に対する情報提供をすることで手一杯で、インターンシップを実施する時間的余裕はない。答申では、「基礎的・汎用的能力」の育成に関しては、学校生活で行われる様々な活動を見直すことで、教科教育の中でも実践されうるものとしている。例えば、通常の教科指導の中で身につけられる能力として、期日までに課題を提出させる・レポートの書き方を学ばせることが「自己管理能力」、問題を解く力が「課題対応能力」、行事へ参加し、自分の役割を認識することが「キャリアプランニング能力」を育成することになることを示している。つまり、受験のための指導でもキャリア教育になり得るのだ。

　発達障害のある生徒の場合、例えば、「人間関係形成・社会形成能力」を育成することは、コミュニケーションを取らないタイプの生徒には難しいように思われる。しかし、毎日学校に登校して集団の中に入って生活し、学校という枠組みの中にしっかり適応できてきたのであれば、わずかでも人間関係形成・社会形成能力が育成されていると見てよいのではないだろうか。学校という環境で高校まで生活できてきたことをもっと評価できるのではないだろうか。筆者は、キャリア教育の目指す能力の育成という視点から発達障害のある生徒の生活を見直すことで、学校生活の意義を改めて考える契機になるのではないかと考えている。

4 発達障害のある生徒に対する大学進学に向けての進路指導

(1) 当事者への個別指導・支援

① 学習面について

　発達障害のある生徒の場合，同じ障害名であってもそれぞれの個性や能力に応じ，一般に学力の上下のはばが広い。学力が非常に高い場合，その能力を伸ばしてあげることが希望進路をかなえることにもつながるが，いわゆる偏差値だけで大学や学部を決めることだけは避けたいものである。

　学力の個人内差がある場合，日常の学習でもストレスをためないような支援も大切だが，進路指導において，自らの学力の把握とそれによる自己理解を進める支援も必要となってくるであろう。

　生活面・学習面で特別な困難が見られない生徒の場合は，一般の生徒と同じように入学試験に向けた受験準備を高1・高2の早い段階から始めることが重要になる。最近は，入試方式が多様化しており（AO入試や推薦入試，センター利用など），それに応じた準備（例えば，小論文や面接）も進める必要がある。

② 将来に向けての目標の明確化

　職業を意識した時期が早いほど，大学への進学理由や将来の目標を明確にもち，将来の社会での姿を思い描けているという調査結果がある（ベネッセコーポレーション，2005）。キャリア教育のところで示したように，生徒の性格や興味関心，特性にあった将来の職業や生活をできるだけ具体的に考え，生活の中で成果を積み上げていかなければならない。しかし，こうした意識が進路への意欲につながる反面，発達障害のある生徒の中には，進路選択の柔軟性を失い，自分の進路を決めつけてしまう恐れがあることも予想しなければならない。

③ 大学を選ぶ

　障害の有無にかかわらず，大学の学部・学科を選ぶときには，自分の学びたいこと・やりたいこと，将来の職業までよく考えた選択をすべきである。学部・学科も多岐にわたっており，名称で学ぶ内容が判断できるものではないので選

ぶ際は注意してもらいたい。有名大学を目指す場合でも，就職に有利という動機ではあいまいで，〇〇の学者になる，大学院まで行って研究を続ける，△△の資格を取って□□の仕事に就く，など具体的に考えてほしい。

　学びたい学部・学科が決まり，受験する大学を具体的に決めるときには，大学案内や受験情報誌に頼るのではなく，必ず本人自らオープンキャンパスなどに参加して決めてほしい。発達障害のある生徒に適した環境は，本人にしかわからないので，

　　Ⅰ．ハード（環境）面：大学の規模は合っているか，教室の広さは適切か，くつろげるスペースがあるか，自宅からキャンパスまで通学方法に無理はないかなど
　　Ⅱ．ソフト面（カリキュラムなど）：どんな授業内容か，どんな資格が取れるのか，手先の不器用さなどがある場合でも実験や実習は可能か，コミュニケーションが苦手な場合でも職場実習ができるかなど

障害のない人にとっては些細なことでも，実際に行って確かめる必要がある。

　大学選びも一つに絞ってしまうとそこに合格できなかった場合，滑り止めに進学することに融通がきかなくなることもあるかもしれないので，あらかじめ複数の候補を用意しておくことも大切である。家族と十分話し合って決めることも重要だが，これまで支援を受けてきた医療機関や支援センターなどがある場合は，障害の程度をもっともよく理解されている場所であるので，一緒に考えてもらうとよいだろう。

④　大学受験に関する特例措置について

　大学入試センター入試などを中心に，発達障害に関する特別措置が広がり始めた。試験時間の延長・チェック解答・拡大文字問題配布・別室受験・英語ヒアリングについてなどで，さまざまな措置がある。大切なことは，高校の定期試験などでどのような配慮をされてきたかであり，受験のときだけ特別措置を希望することはできないということである。本校では，これまで発達障害のある生徒に関して試験等で特別な措置を行ったケースはないが，今後予想される課題として検討していきたい。

(2) 学校として保護者の方に考えておいていただきたいこと

① 当事者と共に人生について考える

　本校における発達障害のある生徒およびその疑いのある生徒の進路決定に関して，これまで困った事例というものはない。手が届きそうもない学力レベルの大学を希望したり，本人の特性に合っていないような学部・学科を選択したりすることがないのは，本人と保護者がよく話し合った結果ではないかと思っている。

　先に取り上げたキャリア教育をひと言でいうと，「生き方について考えさせる」教育である。大学の向こうにある社会を意識するなら，大学進学に対する目的を明確にさせることが大切である。筆者は，高校生活はその準備を行う大切な時期と位置付けられると考えている。発達障害のある高校生をもつ保護者の方は，本人の成長と社会での自立をどのように考えていくかについて重要な選択の時期にきていることを忘れないでいただきたい。資格を取らせることが，就職につながることもある。通常の就職が可能なら，どのような職種がよいかだけでなく，どのような働き方をしていくことがよいかまで本人と話し合わなければならない。自立が難しいなら，障害者手帳を取らせ福祉的な支援のもとに自立をはかることまで考える。本人に任せることも自立をうながすという意味では重要だが，突き放すのでなく，背中を押す形で一緒になって考えてあげてほしい。

② 大学選びと大学への移行支援

　大学選びも，本人の社会での自立に向けた視点で選ぶことが必要である。移行支援・就職支援についての体制は，大学によって違いが大きいので，大学選びの一つのポイントになるのかもしれない。オープンキャンパスなどに当事者と一緒に参加し，どのような支援体制があるのか，どのような就職支援が実施されているかもよく話を聞いてくることが大切である。重要なことは，本人の志望と障害特性と大学とのマッチングにあり，本人の成長に期待しすぎて，大学生活でストレスをためてしまうようなことだけは避けたいものである。

　大学入学後，高校までと違った自由度が高い環境に接して，混乱が起こらないように，安心して相談できる場所（学生相談室など）をあらかじめ確認しておくことが予防的な配慮として重要である。選択授業について，サークル選び，

バイト選び，研究室選び，障害の程度に応じた実験・実習への参加のしかた，など相談に応じてもらう内容は意外に多い。履修科目や実験実習やゼミ・研究室選びについては本人任せにせず，内容を理解している大学関係者と一緒に考えてもらえることが理想的である。場合によっては，障害に関してもっとも理解している保護者が入る必要もあるだろう。

また，障害の程度や高校までどのように過ごしてきたかの情報について，大学側に知らせておくかどうかの判断は保護者がすべきである。家庭からの情報はもとより，高校での実際の生活の様子などを高校側から伝えてもらうかの判断も同様に保護者がすべきである。

③ 学校への要望について

進学支援・指導に関係した要望は極めて個別的な要素が大きいので，保護者が学校側に積極的に出すべきものだと考えている。発達障害に関して，定期試験での配慮や入試に関する配慮にかかわる書類など，申し出がない限り学校が気づくことも稀なので，生徒本人が入試に不利にならないように学校と十分に話し合いをしていく必要がある。

しかし，日常の生活や学習に関した個人的な困難解決に関する要望は，集団生活との兼ね合いを十分考えて行った方がよい。学校は，個人と集団とのバランスを常に考えている。発達障害のある生徒の困難解決でさえ例外とはいえないのである。教員の配慮で解決する内容であれば，できる限り協力してくれるはずだが，他の生徒に努力を強いるような要望は，学校では難しいことが多いように思われる。もちろん，本人が，集団の中で被害を受けているいじめなどの問題は，学校として取り組む重要な事柄なので遠慮せずに連絡を取らなければならない。学校への要望は，学校との連携を深めるために必要であり，その重要なポイントは，保護者として，本人の社会的な自立に向けて高校生活をどう考えているかにあると筆者は思っている。

(3) 高校から大学への移行支援について

大学入学試験の前に，本人の不利になるような情報を高校側から大学側に伝えることはありえない。これは，高校受験に関しても同様なことがいえる。これまで支援されてきたもの（個別の支援計画など）があれば，それを無駄にしないために，入学が決まったら，大学側の学生相談を窓口にして，本人の適応

を高めることに必要な情報を提供していくことが理想となるのだろう。そのためには，保護者の判断が必要であり，普段から学校と保護者が話し合っていることが大切である。

5 発達障害のある生徒に対する具体的な支援の事例

全日制普通科高校という特別な支援のない中で，発達障害のある生徒とその疑いのある生徒が実際どのように生活しているだろうか。次にあげるA君，B君は，発達障害の困難さを持ち合わせながらも，りっぱに高校生活に適応し大学へ進学していった生徒である。この2つの事例を通して，本人たちの学校生活の一部を伝えると共に，特別な支援ではない，安心安全に関する環境調整や配慮の大切さについても伝えられればと思う。

(1) A君（アスペルガー障害）の場合

A君は，高校入学時に保護者から学校へ，アスペルガー障害の診断名の報告があった生徒である。A君の学力は普通であるが，納得いかない事柄に対しては質問を繰り返したり，聞き取りの力が若干弱く，教員が言ったことに対し聞き漏らしがあるという。担任はそうしたA君への対応を難しく感じていたため，筆者がA君と週1回の面接をする中で悩みなどを聞き，具体的な要望事項を担任に伝えるという，いわゆる担任との通訳機能を果たすことになった。A君は時々，小中学校時代のいじめについて語ることがあり，悔しさのあまりパニックを起こすこともあったが，それ以外は，一般の生徒と変わりなく過ごしていた。

A君の将来に関して，保護者の考えでは，資格の取れる分野に進学して，その資格を使っての就職を望んでおり，本人との話し合いも十分できているようであった。

A君の学力も順調に伸び，希望の理系の大学へ入学した。筆者は，入学前に学生相談室と連絡をとり，A君の障害を理解した上で気軽にいろいろなことを相談できる場として確保することを，保護者に提案した。入学式の前に，A君と保護者と筆者の3人で学生相談室へ訪問し，生活上のエピソードなどを伝える機会をもつことができた。大学側も教務担当や実験実習の担当者にも同席してもらい，理系の大学であったため，手先が不器用な生徒がどこまで実習が可能なものか，履修に対しても本人の要望と内容に無理がないかどうかの検討も

できた．A君と私は，今でも時々メールの交換を行っている．

(2) B君（高機能自閉症の疑い）の場合

　筆者がB君について知ったのは，入学当初よりクラスで孤立している生徒がいるという担任の報告からであった．B君は，周りの友だちとかかわらず，休み時間になると耳栓をして本を読んでおり，授業中は教員の問いかけには答えるが，それ以上は話をする様子がない．耳栓の件で保護者に連絡を取ったが，中学校から休み時間は周りの音が騒々しく感じており耳栓をして過ごしていたとのこと．保護者は障害の有無に関して特に気にしてはおらず，個性としてとらえているようであった．

　筆者は担任から依頼されB君と面接したが，学校生活に対して「何も困っていない」と答えるだけであった．行動もぎこちなく，しゃべり方もロボットのようであったが，国語をやや苦手にするだけで学習成績に問題はない．教員の間で，聴覚に過敏性がある高機能自閉症の疑いのある生徒という情報を共有し，いじめなどに気をつけてしばらく様子を見ることにした．

　入学して数ヶ月後に，B君の物まねをしたり，からかうような行為をする生徒が目立ちはじめた（授業担当者からの目撃情報など）．学年の先生方に協力いただき，早期に同学年の男子生徒に対しかなり強い指導を行っていただいたおかげで，B君へのいじめはそれ以降収まった．

　B君は普段は他の生徒に合わせて生活することはできたが，体育のバスケットやサッカーなどの集団競技のときには，ぎこちない動きが生徒の中で話題になっていた．B君は，大学の科学コンクールのポスターを見て自主的に応募するなど，興味のあることに対しては積極的に行動する一面もあった．進学に関しても，B君は理系の工学部を志望していた．筆者は，担任を通じてB君に次のことを伝えてもらった．「必ずオープンキャンパスに参加して，実験・実習など実際にやっていけるか，研究室で具体的にどんなことをやっていて本人が考えている内容と合っているか，さまざまな相談ができるところはあるかなど，必ず聞いて来てほしい」と．また「キャンパスの雰囲気が合っているか，通学はしやすいか」なども調べてくることなども伝えてもらった．実際にいくつかの志望校へ保護者と何度か足を運び，本人も大学の雰囲気が気に入っているとのことであった．入試方法もＡＯ入試の機会もあったが，本人がしゃべることや，時間内で書かねばならない小論文などは苦手であったため，一般入試で受

験することにし，みごと合格することができた。B君が合格した大学へは，自宅から通うのは大変なため，大学に入ってしばらくして1人暮らしを始めたという。

6 筆者が考える高校での教育相談担当の教員としてのありかた

① 発達障害に気づけるのは周囲の大人だけである

『アスペルガー的人生』（ウイリー，2002）は，筆者がはじめて読んだ当事者が書いた本である。この本によって，

　Ⅰ．学校の中に自分とは感覚の違う生徒が混乱した状態でいること
　Ⅱ．当事者自身も自分の特性に気づいておらず他の生徒も同じ状態なのだろうと思っていること
　Ⅲ．そのことに気づけるのは周りの大人つまり保護者か教員しかいないこと

ということをはっきりと認識させられた。この3点を理解することが，発達障害のある生徒への支援の第一歩だと思う。

② 特別なことをしようとは思わないこと

筆者が，発達障害について学びはじめた頃は，アセスメントが重要で，WISCなどの知能検査や心理検査などの必要性を強く感じたり，特別なことをすることが支援のように考えていた。実際，英単語が覚えづらいという生徒に対して，アルファベットのピースを用意し，感覚的に覚えてもらう練習を行ったり，漢字を覚えることが苦手という生徒に対して，歌にして書き順を覚えることを勧めたり，パソコンソフトを利用してもらったが，授業の進度の速さには焼け石に水であった。目の前の生徒に対して，今ある学校の資源の中で何ができるのか，自分の立場・能力でどこまでの支援ができるのか，無理をしない支援を考えないと長くは続けられないだろう。

また，生徒同士のトラブルを観察していると，生徒が障害の疑いがある生徒を対等に扱っているからこそ，トラブルになっていると感じることがある。

実際トラブルが生じた場合には，教員は，生徒や保護者に対して，発達障害のある生徒の個性について，正しく伝えられる力量は必要である。同時に，自分が行っている特別な支援や配慮が逆に差別につながっていないかどうか，考

える機会にもすべきであろう。

③　話の聴き方について
　筆者が，発達障害のある生徒・保護者を目の前にして大切にしていることは，本人がどんなことに困難を感じているのかを「丁寧に聴く」こと，問題の解決ではなく「一緒に考える姿勢」でのぞむことである。相談される側の態度といえば，受容・共感などといわれるが，「自分は相手の話をきちんと聴けているのか？」と自らに問いかけながら聴いている。発達障害のある生徒との面接では，相手が使っている言葉がこちらが思っている意味と同じかどうかも確認しながら，あまり気持ちに共感しないようにしている。気持ちに寄り添っても，具体的な支援に結びつかないと意味がないからである。本人が，困っていることを言葉で伝える力をもっているかどうかも確認しなければいけない。適切な質問をすることで，本人の困りごとの内容が明確になってくる。何のために相談に来て，何をしてもらいたいのかを具体的な支援に結びつくように聴いていくことが重要である。

④　問題行動に対する考え方
　生徒が起こす問題行動は，適切に対応すれば，正しい行動を身に付ける機会に変わる。事件や事故につながる場合は別だが問題行動を問題としないことは，学校という教育機関では重要な視点ではないか。発達障害のある生徒にとって大きな失敗は逆効果だが，失敗から学ぶことも多く，失敗したときほど支援が行動の修正の役割を果たし，失敗しても大丈夫というスキルを学ぶ機会になるように思う。一般的に言われていることであるが，当事者の行動を肯定的に捉え，本人の自尊心を傷つけないようにする。また，劣っているところをなくす努力はほどほどにし，本人のもっている優れた特性を発展させてあげることを目指したい。

⑤　環境調整は学校全体で
　いじめやからかいが起こらない，起こりにくい環境調整は，学校を挙げて取り組む体制がなければできるものではない。生徒指導は，すべての教員が取り組むべきことで，教員相互の連携や共通意識をもつことが大切である。特にいじめは，教員の目の届かないところで行われている可能性もあり，教員による

教室やトイレの見回りなどを強化していくことは大切である。発達障害のある生徒が安心安全に生活できる環境は，実際には特別なものではなく，一般の生徒に対する安心安全な環境作りにもつながっていると筆者は考えている。

また，保健室は，発達障害のある生徒のみならず，生徒が安心安全に過ごせる大切な場所である。しかし，クラスから孤立して保健室へ来ている生徒に対して，クラスへの関わりを増やすような働きかけを，養護教諭任せにしないで，関係するすべての教員が協力していく体制は必要である。それには学校全体での情報の共有化が必要であり，教育相談教諭や特別支援コーディネーターなどが果たす役割として特に重要であると思っている。

⑥　学校から医療へつなぐ意味

不登校などの問題は，発達障害の二次障害として生じるほかに，対人関係の問題・思春期特有の問題や精神疾患などによっても生じる。相談面接の中に，対応策を考える上でさまざまな仮説を立てる必要が出てくることも多い。そんな中でも，筆者が面接の最中に推し量るべき重要であると考えていることは，「本人が学校生活・集団生活に対して，ストレス耐性があるかないか」についてである。ストレス耐性があれば，本人と適応を高めるような面接を進めたり，環境調整をはかったり，学校の中でやれることを続けていく。しかし，ストレス耐性が低い場合は，医療機関など外部機関につなぐことが重要になってくる。学校からのさまざまな働きかけが，本人にとって負担になってしまう恐れがあるからである。

発達障害の疑いがある中，本人が勉強や人間関係でつまずき，「どうもうまくいかない」という生きづらさを感じている場合，診断を受けることで気持ちのうえで納得することもある。また，将来の公的な支援に備え，精神障害者保健福祉手帳などを取るための診断も大切である。

支援する側にとっても，診断名が本人の特性や困りごとを伝えていれば，支援を検討する上で役立つことになる。しかし，同じ診断名でも困難の内容は個別に違うので，具体的支援につなげるためには「丁寧に聴く」姿勢が必要になる。

医療機関や外部の支援機関へつなぐ意味は，あくまで本人の人生にプラスになること，学校での適応を高めるものでなければならないと，筆者は考えている（二次障害の治療や他の疾病の疑いのある場合は除く）。

⑦　体系的・系統的な特別支援教育の学びの重要性について

　高校は3年間だけであるが，発達障害のある生徒の人生はそれ以前もそれ以後にも続いている。教員として関わる高校の特別支援を実践するにあたって，幼稚園・小学校・中学校でどのような支援をされてきたか，大学や専門学校でどのような支援を受けていくのか，社会に出てどのように働いていくのか，人生を通した特別支援の全体像を知る必要があるのではないか。また，発達障害の研究の進歩は速く，例えば，発達障害者支援法や文部科学省の答申などの内容の理解，障害の診断基準の変更，リタリン®やコンサータ®などの使用に関する薬事法の変化，WISCなど知能検査の進歩など，特別支援の情報の変化についていくことは個人的な努力ではなかなか大変である。

　こうした体系的・系統的な特別支援に関する最新の情報などを得る場として，特別支援教育士（特別支援教育士資格認定協会）の研修会はとても役に立つと思われる（S.E.N.S, 2012）。

[参考文献]

浅田　聡（2009）．私立中学・高等学校に在籍する軽度発達障害児とその支援体制の実態調査――私学における特別支援教育の全国調査――日本私学教育研究所紀要，44, 69-72.
ベネッセコーポレーション（2005）．進路選択に関する振り返り調査――大学生を対象として
リアン・ホリデー・ウィリー（著）ニキ・リンコ（訳）（2002）．アスペルガー的人生　東京書籍
S.E.N.S養成セミナー（2012）．特別支援教育の理論と実践Ⅰ～Ⅲ　第2版　金剛出版
国立教育政策研究所生徒指導研究センター（2010）．キャリア教育は生徒に何ができるのだろう？
国立教育政策研究所生徒指導研究センター（2011）．キャリア教育を創る
文部科学省（2011）．高等学校キャリア教育の手引き
文部科学省（2012）．通常の学級に在籍する発達障害の可能性のある特別な教育的支援を必要とする児童生徒に関する調査結果について
中央教育審議会答申（2011）．今後の学校教育・職業教育の在り方について
特別支援教育の推進に関する調査研究協力者会議高等学校ワーキンググループ（2009）．高等学校における特別支援教育の推進について

第3章

進学を目指す高校生への情報提供(1)
――東京大学先端科学技術研究センター，DO-IT Japan の取り組み

近藤　武夫

1 はじめに

　DO-IT Japan（http://doit-japan.org/）とは，障害のある子どもたちが，初等教育から中等教育へ，そして高等教育[1]へ，さらには就労へと移行する過程を，年間を通じた種々の体験プログラムとインターネットを通じたメンタリング，そしてテクノロジーの活用により支援することを通じて，将来の社会のリーダーとなる人材育成を目指すプログラムである。

　プログラム名の「DO-IT」は，Diversity（多様性），Opportunities（機会の保障），Internetworking（インターネットでの交流），Technology（テクノロジー活用）の頭文字を取ったものである。1993年に米国ワシントン大学で始まった「DO-IT」プログラム（http://uw.edu/doit/）のコンセプト（Burgstahler, 2013）を参考に，日本の文化や制度に合わせたプログラムを独自に立案し，2007年から東京大学先端科学技術研究センター（以下，東大先端研とする）が主催・継続している。DO-IT Japan では，障害のある当事者の「自立」，「自己決定」，「セルフ・アドボカシー（自己権利擁護）」「テクノロジーの活用」をテーマとして様々なプログラムを構成している。参加者がこれらのテーマについて考え，実践する機会をプログラムの随所に盛り込んでいる。

　DO-IT Japan は多様な児童生徒，学生が参加するプログラムである。小・中学生を対象とする「ジュニアスカラープログラム」では読み書きに障害のあ

---
[1] 大学，短期大学，専門学校，専修学校，高等専門学校など様々な形態があるが，本稿では以降，一般的な呼称である「大学」と呼ぶことにする。

る児童生徒に応募者の障害種別を限定しているものの,高校生対象の「スカラープログラム」では,応募者の障害の種別は問うていない。毎年,小・中学生は最大5名程度,高校生は最大10名程度がスカラーとして選抜される。2007年の開始当初は肢体不自由のある生徒が多数派だったのに対して,近年何らかの発達障害(自閉症スペクトラム障害,ADHD,ディスレクシア,書字障害など)のある生徒の比率が増している。また,これまで65名の高校生がスカラープログラムに参加しており,51名は大学に進学している。

　DO-IT Japanでは,様々な障害のある当事者が,ひとつのプログラムに参加することが特徴として挙げられる。障害種別や立場の違いを分けてしまうと見落としてしまうようなコンフリクト問題(中邑・福島,2012)に気付く多様な視点をもつことは,将来の社会のリーダーの資質として不可欠なものといえる。例えば,視覚障害のある人から見て点字ブロックが便利であると感じられたとしても,車いす使用者からは移動を妨げる障害物と感じられる場合もある(逆のことは道路のカーブカットに見られることもある)。他にも,障害種別は異なっていても,紙の印刷物が使いにくいという点で視覚障害(見えない/見にくい)や肢体不自由(ページめくりや持ち運びが難しい),ディスレクシア(見えていても読みにくい)で共通しており,また印刷物でなく音声の形であれば内容に触れられるという点でも共通している。外見から見て障害がはっきりわかり,福祉制度も歴史的につくられてきている肢体不自由と,外見から障害があることが見えにくく,福祉制度もあまりなく,しかし実際は多数いると知られ始めている発達障害があるというように,障害の中だけをとっても様々な違いが存在する。DO-ITでは,参加者の障害種別を区別せず,ともに仲間として同じコミュニティに参加することで,実体験を通じて多様な視点を得ることを重視している。以下,DO-IT Japanのプログラムについて紹介する。本書は発達障害を対象とした書籍であるが,プログラムの性質上,本章は発達障害だけに絞った話題とはしていない点を了承いただきたい。

2　DO-IT Japan の基本的な枠組み

　DO-IT Japanの障害のある児童生徒・学生に向けた活動は,複数のプログラムから構成されている。DO-IT Japanでは,折々の社会的な状況や要請,また参加している児童生徒・学生たち自身の意見やニーズに合わせた活動が毎

年新しく企画されている。そのため，細部の説明に先立って，プログラムの概要を説明する。各年度に行われた具体的な活動内容については，DO-IT Japan のウェブサイトで毎年公開している「年次レポート」を参照願いたい。

　DO-IT Japan プログラムには，2013年現在，大きく分けて以下の3つのプログラムがある。

・スカラープログラム：高校生・高卒生向けプログラム
・リーダープログラム：大学生向けプログラム（海外研修プログラムを含む）
・ジュニアスカラープログラム：小・中学生向けプログラム

　各プログラムに応募資格があるのは，障害のある児童生徒・学生である。また，本人に DO-IT Japan 参加への希望があり，将来の社会のリーダーとなる素質をもっていると期待される人が応募することができる。毎年春先に参加者が公募され，応募書類に基づいた書類選考と，その後の面接選考を通じて，毎年，10名程度の高校生と若干名の小・中学生が選抜される。DO-IT Japan のプログラムに参加するためには，まずこの選抜を経る必要がある。DO-IT Japan では，児童生徒は，選抜を受け DO-IT Japan プログラムに参加した際に，「スカラー」と呼ばれるようになる。

　毎年2〜3月頃，DO-IT Japan ウェブサイト，チラシ等を通じて，スカラーの募集告知を行っている。参加希望者はウェブサイトから応募書類をダウンロードし，5月初旬頃までに事務局へ送付する。その後すぐに第一次審査が行われる。応募書類に基づき，審査委員会によって参加候補者が絞られる。6月頃から，第二次審査が始まる。一次審査を通過した参加候補者に面接選考を行い，参加者が最終決定される。

　選抜後，小・中・高スカラーは，その夏（毎年8月初旬頃）に行われる「夏季プログラム」に参加する。加えて，高校生スカラーは7月初旬頃から，「プリプログラム」と呼ばれる夏季プログラム参加準備のための事前プログラムに参加する必要がある。プリプログラムはインターネットを通じて行われる。また，個々人に必要となるパソコン等の機器と，それぞれの障害に合わせた支援機器等は DO-IT Japan から無償貸与されるが，それらはプリプログラム開始前に自宅に届けられる。夏季プログラムを経ることで，その後に続く DO-IT

Japanプログラムへ，スカラーたちは本格的に参加することになる。

(1) オンライン・メンタリング

スカラーは全国から参加しているため，お互いに遠く離れている。そこで日頃は，彼らはインターネット上で交流している。悩みや困りごとの相談，近況報告，情報提供，ディスカッションなど，さまざまな目的でインターネットを活用している。

① メーリングリスト

ネット上のコミュニケーションの中心となっているのは，メーリングリストである。DO-IT Japan の参加者全員が登録しているものや，スカラーだけが参加するもの，保護者だけが参加するものなど，いくつかのメーリングリストが作られ，コミュニケーションが行われている。また，それぞれのメーリングリストには，DO-IT Japan のスタッフ（東大先端研人間支援工学分野の教職員）や，他大学等から「アドバイザー」と呼ばれる障害のある人々の支援の専門家も参加しており，時に応じてアドバイスや相談を行っている。

② 定例チャットミーティング

定例チャットミーティングは，月に1度を目安に行われている。その時々でスカラーから提案されたトピックを中心に，オンライン会議システムを使い，テキストチャットが行われる。企画のとりまとめや日程調整，司会とファシリテーションは大学生スカラーが行うため，リーダーシップについて学ぶ良い機会ともなっている。

③ オフライン（＋オンライン）ミーティング

ネット上だけではなく，実際に顔を合わせて行う茶話会を季節に一度程度開催している。主に東大先端研を会場とした茶話会だが，遠方であったり，入院や移動の困難のために参加が難しい人のためには，ビデオ会議システムを使って遠隔からその場に参加できる工夫を行っている。

(2) 夏季プログラム

夏季には，数日間の宿泊プログラムが東大先端研を主な会場として行われる。

夏季プログラムは DO-IT Japan プログラムのまさに中心をなすプログラムである。スカラーにとっては，自立生活を疑似体験する初めての機会であることも多々ある。自分一人で様々な交通手段を用いて移動し，親元から離れてホテルに暮らし，ホテルから大学まで，公共交通機関を使って大学に通学し，そこで東京大学の教授陣による講義を体験する。大学に入った後に何が起こるのかを疑似体験し，自立の第一歩となる機会を得る。その他，自らの困難を軽減し強みを生かすためのテクノロジー活用法，受験や進学後に大学側に配慮を求める方法，障害についての理解を深めること等をテーマとした多数のワークショップが期間中に開かれる。

参加者の中心はその年に新しく選抜された新規スカラーだが，2年目のスカラー向けプログラム等も開催されるため，過去のスカラーも夏季プログラムにやってくる。また，大学生となったスカラーのうちの一部は，夏季プログラムの準備や一部の企画立案にもスタッフとして関わるようになる。その点で，夏季プログラムは DO-IT Japan のメンバーが最も広く集まる機会となっている。

加えて，夏季プログラムの後も，スカラーは，学齢に合わせた知識や経験を得るためのプログラムに継続的に参加することができる（重点的にプログラムを受けられるのは，選抜後3年までを一応の目安としているが，個々の進学や就労の状況によってはその限りではない）。

① プリプログラム

夏季プログラム中には，新規スカラーは，座学だけでなく議論や学外での行動を通じた応用的な内容の活動に参加する必要がある。しかし，夏季プログラムは5日間ほどの短期間であるため，その期間中の体験を最大限生かせるよう，基本的な知識の学習や準備は事前に済ませておく必要がある。そこで，新規スカラー向けにプリプログラムが提供されている。

プリプログラムは夏季プログラム開催前の一ヶ月間，毎週金曜・土曜の夜に，「オンライン会議に参加し，翌週までに課題を提出する」という形で実施される。これまでのプリプログラムは，「大学と高校の参加様式の違いや大学での障害学生支援」「自己紹介と自己の障害に関わるニーズの他者への説明を実践する」「テクノロジーやインターネットの活用方法を知る」「合理的配慮という考え方を知る」などをテーマとして講義が行われた。

第3章　進学を目指す高校生への情報提供(1)

②　夏季プログラムの宿泊研修

　夏季プログラムでは多くの仲間たち（同期のスカラーや先輩スカラー，「チューター」と呼ばれる大学生ボランティア，アドバイザー，そしてDO-IT Japanスタッフが参加する）と寝食を共にしながら長い時間を過ごし，直接コミュニケーションする機会をもつ．他の参加者の行動スタイル，意見，考え方に直接触れることで，仲間やロールモデルを得たり，自己や他者，社会に対する視点を広げる機会となっている．

　いずれの機会でも，各々の場面で必要なテクノロジーの活用，学習や生活上の工夫，将来社会的に求められるマナーや一般常識を知ること，ニーズの異なる多様な仲間たちを含めた，周囲の人々に自分自身のニーズや考えを伝えることなど，大学生として，社会人としてそれぞれに求められることを学ぶ機会ともなる．

　また何より大切なのは，家族や日頃の支援者から離れて暮らし，ちょっとした生活の場面で，自分自身で自己決定し，責任をもつ機会を得ることである．周囲がスカラーに転ばぬ先の杖を出してしまう状況を離れ，失敗もまた，大きな学ぶ機会であることを経験する．

　「転ばぬ先の杖は出さない」ことはDO-IT Japanの合言葉のひとつだが，それは誰も手助けをせず本人が独力で何でもやることを意味しない．夏季プログラムでは，必要な配慮や支援は周囲に求めて良いものということを，仲間たち

写真3-1　夏季プログラムの参加者たち

と共に実感をもって感じる機会にもなっている。転ばぬ先の杖は出さないが，たとえ失敗したときにも，そこから立ち上がるための杖の数と種類がいくつもあるとスカラーが自信をもてるようになることを目指している。

③　公開シンポジウム

　夏季プログラム中に毎年行われる一般公開シンポジウムにスカラーが参加して，一般聴衆に向けて意見を述べる機会もある。社会に対して自らの意見を発信し，社会的な立場や意見が異なる人々や，様々な困難のある人が共に生きるためには，どのような社会のあり方を目指すべきかを考える機会となっている。

④　小・中学生向け夏季プログラム

　小・中学生は，夏季プログラム期間中や，または不定期に，学びを支えるテクノロジー利用を集中的に学ぶプログラムに参加する。並行して保護者に向けたセミナーを提供しており，長期的視点に立ってジュニアスカラーの学びや自立を支えるために，どのようなことが必要か情報提供することも行っている。

(3)　秋季プログラム

　秋季には，大学に進学したスカラーを主な対象として，共催企業とDO-IT Japanとが共同企画したセミナーや，共催企業での一日就労体験に参加する活動等が行われている。また，企業関係者，一般公開イベントへの参加者，後輩スカラーたちに，自らの経験や考えを情報発信する機会があり，就労移行やリーダーシップに関する経験を得ている。

(4)　個別相談

　DO-IT Japanでは，スカラーが直面している問題や困難の解決に関わる相談を受け付けている。学びや生活の中で生まれてきた個別の問題に対して，それを解決するための方法（例：読み書きやコミュニケーション，移動の困難等を軽減する方法）を共に考えることを，年間を通じた個別相談により行っている。

　特に，高校や大学等の入試では配慮の申請に関する相談が多く集まる。過去に前例はなくても，自分にとっては必要不可欠な配慮を，高等教育機関や大学入試センターに求める際，適切な交渉を本人が行うための支援を行っている。主に，本人の求める配慮が合理的なものであり，筋の通らないものではないこ

とを，科学的手法により得られたエビデンスに基づいて客観的に説明することを支援している。こうした活動は，個々のスカラーの支援だけではなく，これまでにない新しい前例を作ることで，全国の障害のある生徒の受験に高等教育の門戸を開くことにもつながっている。

3 プログラムの詳細から

　ここまで DO-IT Japan プログラムの概要を示してきた。しかし，概要だけではその中で何が行われているのかをつかむことは難しいものである。そこで DO-IT Japan のプログラムを構成する様々な要素のうち，いくつかを以下に詳述する。本稿では，夏季プログラムでの「大学疑似体験」や「大学へ合理的配慮を求めること」に関するプログラムの実践について触れることで，スカラーたちが自己決定やセルフ・アドボカシーの機会にどのように参加しているのかを紹介する。

(1) 大学疑似体験を通じて学ぶ自己決定とセルフ・アドボカシー

　そもそも，障害の有無にかかわらず，大学へ進学することには，個人の将来の自立に向けて，いくつもの社会的意義がある。「自己決定」の初めての機会となることは，その最も重要な意義のひとつとして挙げることができる。

　自分自身でコントロールできていると感じられる決定を積み重ねていくことは，人生の裁量権が自分にあると確信し，自己のアイデンティティを構築していくために重要なことである。大学進学によって，学生本人を取り巻く環境は，高校までの自分以外の誰かに多くを決定される生活から，自分自身で決定することを求められる生活へと急激に変化する。まず大学選びの段階から，自分が将来に向けて学びたいことを考え，情報を得て，決定する必要がある。進学後は，どのような単位を取得するか，時間割をどのように構成するかを通じて，週の自分自身の時間の過ごし方を決める。家族から離れ，ひとり暮らしする中で，自分の生活スタイルを決める。サークルやアルバイト，その他の課外活動を，自分の関心や必要性に基づいて選ぶことを通じて，結果として交流する文化圏や人々を決める。

　また，高校から大学へ進学すると，本人をとりまく環境は，自己決定が基本ルールとなる環境へと変化する。このことから，周囲と自分との関係性の変化

も生まれる。高校までの，周囲から自分へと矢印が向いた「やってくれる関係性」から，進学後は，自分自身から周囲へと矢印が向いた「働きかける関係性」へと変化する。例えば，大学では卒業に無関係な単位ばかり取ってその他の単位をおろそかにしていても，よほどでなければ周囲がその状況を変えようと本人のもとに物申しにやってくることはない。

　このような関係性の変化は，本人が親や家族との太いつながりから少しずつ離れ，家族以外の様々な人々とのつながりに重きを置くように軸足を移していくこととも言える。大学進学で変化する周囲との関係性に適応していくことは，将来，就労を通じて社会参加する際の，典型的なあり方の予行演習と言ってもよい。

　しかし，こうして社会参加の典型を知ったからといって，大学に在学する期間を，その典型にフィットするように，無理矢理に自分を変形させていく過程だと考えすぎるべきではない。典型を知ることを通じて非典型を知り，必要であれば本人がそれを選び取ることができる多様な選択肢があること（例：会社員ではなく起業や個人事業を選ぶ，国内ではなく海外での生活を選ぶ，など）も知る必要がある。つまり，社会に多様な自己決定のバリエーションがあることを学ぶ機会として，大学を活用することが望ましい。学生たちは大学での実体験を通じて社会のあり方に関する暗黙の前提を知り，社会の入口少し手前で，立ち止まって考えることができる。大学の期間はモラトリアムと呼ばれることがあるが，本来，上手に使えばその後の自己のあり方をどのように決定していくかを深く考え，準備することのできる期間でもある。以上のような意味から，大学進学の前後には，本人に自己決定の準備性が求められていると言い換えることができる。

　さて，ここで障害のある子どもたちの自己決定を取り巻く状況について考えておきたい。障害のある子どもたちは，日常生活や学習において介助や支援，見守りの必要性が高い場合が多いことから，幼少期から家族や介助者，医療者，支援者，教師など，近しい周囲の人々の助けを得て暮らしている場合も多い。また，確かにこうした周囲の支援自体は，障害のある本人にとって，幼少期だけに限らず生涯にわたって重要なものである。しかし将来の自立を考えたとき，捉え直しが必要といえる影響を周囲から受けている場合も少なくない。例えば，以下のような影響が挙げられる。

・自分自身の希望や意思を尊重せず周囲の意思や都合を優先し，自己主張することそのものを望ましくないことと捉えている
・周囲が障害のある本人を捉える際に，障害があることに注目してしまい，周囲から本人に対する十分に高い期待が得られていない
・周囲から支援を得ることを迷惑をかけることと考えており，否定的な自己像をもっている
・特定の他者（例，近親者）に，支援を得るだけでなく意思決定についても強く依存している

　このような影響は，障害のある子どもだけに特有のことではなく，障害のない子どもにも似たようなことは起こりうる（例えば，過保護，過干渉，ネグレクト）。しかし，障害がある場合には，上記のような影響が不可避かつ集中して起こりやすいと言っていいだろう。そのため障害のある子どもたちにとって，大学への移行に向けて，自己決定の準備性を高める働きかけが重要となる。よってDO-IT Japanでの大学疑似体験では，この「自己決定」がキーワードとなる。以下，プログラム中での働きかけについて紹介する。

① 移動
　大学疑似体験のうち，特に「移動」に関わる部分は，DO-IT Japanプログラムの醍醐味のひとつである。まず，夏季プログラム中は，生徒は親元を離れ，ホテルに宿泊し，メイン会場である東大先端研のある駒場第Ⅱキャンパスや，テクノロジー研修が行われる品川の日本マイクロソフト社まで，電車を使って移動する。いわば進学後の通学の疑似体験である。しかしそれ以前に，全国津々浦々からやってくる障害のあるスカラーは，これまで自分ひとりで遠方まで公共交通機関を使って移動した経験がない者も多い。特別な理由がない限り，スカラーたちは開催前日にホテルへチェックインするが，そこまでの移動で人生初めてのひとり旅にチャレンジすることを選ぶスカラーも多い。スカラーにとっては最初の冒険が本番開始前から始まることになる。
　また，夏季プログラム会期中の移動は，数名ずつのスカラーに分かれて，公共交通機関を使ってのものがほとんどとなる。しかし，移動の際に，DO-IT Japan事務局が丁寧な誘導や先回りのアドバイスを行うことはしていない。事故等のトラブル対応の見守りのため，スタッフやアドバイザーはスカラーの移

動に同行する。しかし，どの経路を使って移動するかを選択することや，ホテルの出発時間を決定すること（すなわち，必要となる移動時間を見積もること），遅刻など不測の事態が起こった際に事務局へ連絡や報告をすることなどについての判断はスカラー自身に任される。

　アドバイザーやチューターは，スカラーの気づきを促す働きかけはするが，指示はしないよう求められる。特に一般の大学生であるチューターには，会期前の事前ミーティングで，スカラーから支援の申し出があれば対応してほしいが，先回りして案内したり，失敗しそうなことを見越して，問題が起こらないように対処しておかないようにと伝えている。もちろんそのためスカラーが失敗することもある（事務局に遅刻の連絡ができないままにとんでもない大遅刻をしてスタッフから叱られるスカラーも時には見られる）。しかし，自分の判断による失敗は，どうすればよかったかを考えるチャンスとなる。そしてもちろん成功すれば，それは個々のスカラーの大きな自信となる。「失敗するチャンスを奪わないこと」は DO-IT Japan のプログラム全体の合い言葉のひとつとなっている。障害を理由に，常に周囲から自己決定する間もなく助けられ，自分自身にニーズがあることにも気付かず，自立の方法についても考えたこと

写真 3-2　夏季プログラムでの移動風景

のない人は少なくない。スカラーは，常に誘導される必要がある対象ではなく，自ら判断する主体として期待される必要がある。

　しかしながら，地方からやってくるスカラーにしてみれば，東京という初めての土地に来て，さらに人混みと複雑な路線，満員電車という難易度の高い環境の中，自己の判断で移動するのは大変な負荷である。ある自閉症スペクトラム障害のあるスカラーは，「夏季プログラムの様々なイベントの中で，一番勇気が必要だったのはなぜか移動でした」という感想を残してくれたほどである。そのような状況の中，スカラーたちは，移動での自己決定を通じて，事前の見通しを立てることや，必要な準備をしておくことが重要であることを学ぶが，実践的に考えればそれだけでは不十分である。時間の見積もりを立てる際に，時刻表や徒歩所要時間に示された数値だけを字義通りに捉えるのではなく，個々の障害による困難から来る「余白」を用意しておくことが必要であることを体験することになる。

　発達障害のあるスカラーでの事例に少し触れてみよう。例えば，DO-IT Japanの構成メンバー以外の教授をゲスト講師に迎えての授業で，一般的には当然，集合時間を守ることが期待されるプログラムに，遅刻ぎりぎりの時間計画を立てる新規スカラーがいた。そのスカラーに対して，自閉症スペクトラム障害のある先輩スカラーが，遅刻することで，相手には暗黙のうちに相手を軽視していることがメッセージとして伝わることや，自分だけではなく，仲間を含めて信頼が低くなるといった遅刻のもつ意味を論理的にアドバイスしていた。また，不測の事態から来るパニックを起こしても，余白をもって時間を見積もることで，できるだけ問題を回避できるように準備しておくことにつながった自らの経験を伝えていた。

　他にも，聴覚や視覚，情報の過多に対して過敏性のあるスカラーでは，自分の体調にかかる負荷を見越して，対処や準備ができることが望ましい場合がある。日々の負担と疲労を減らす工夫について，夏季プログラム中の食事の場面やその他の交流時間に，先輩スカラーと新規スカラーが情報交換しているのは毎年の光景となりつつある。工夫の例として，ノイズキャンセリングヘッドフォンやサングラスなどのツールを使う方法や，自分自身の体調への気づきが難しいこと，それと関連して，力を抜いたり休憩を取ったりすることの難しさがあること，そして睡眠パターンも崩れやすく，そこへの準備に関しても工夫が必要であることなどが語られている。

また，発達障害だけに限らず，重度の肢体不自由のあるスカラーにとってみれば，朝の移動の準備とは，前日や早朝の身支度のシビアな時間の見積もりからすでに始まっている。介助のため，ヘルパーを雇い，夜間や早朝から指示を出しつつ準備を行う必要があるスカラーもいる。そうしたニーズのあるスカラーと同室で宿泊したり，出発時間について打ち合わせることは，障害種別の異なるスカラーたちにとっても学びとなる。「余白」のためには，障害のある学生たちでは意外なほど多くの時間を必要とすることがある。しかし，それが周囲の障害のない人と随分違うからといって，何もおかしいことではないことを体感する機会となっている。

　また，夏季プログラム中で，移動が必要な場面には，車いすのまま乗って移動することのできる大型の福祉車両を常にスタンバイさせている。体調がどうしても優れないなど，移動に無理をしすぎることで，その後のプログラムに参加するという本来の目的を達成できないと予測される場合には，この車両を利用することができる。そしてその判断も，基本的にはスカラー本人に任される。「自分にとって大変なこと・大変なときは誰かに助けを頼んでよい」ということは，夏季プログラム全体を通じてスカラーが受けるメッセージのひとつである。道具や他者の助けを借りながら，「疲労しやすいこと」，「時間がかかること」，「他人と同じ方法ではそもそもできないことがあること」と「やりたいことを実現すること」の間で，自分なりにどのように折り合いを付けるかは，スカラーにとって常に大きなテーマである。

② 模擬授業

　大学疑似体験で，大学の講義形式を模した授業への参加は，スカラーにとって大きな驚きを感じる要素が多く含まれている部分であるようだ。大学の講義には，座学だけではなく，疑問に感じたことを教授に質問したり，議論することで深めていくスタイルがあることを体験して驚くのもそうだが，夏季プログラム中に提供される配慮の内容や，大学での単位の取り方についての障害のある先輩スカラーの考え方にも驚きを感じることがあるという。

　配慮についていえば，例えば夏季プログラム期間中，聴覚障害のあるスカラーが参加する授業やセミナーでは，プロによる文字通訳が入り，発話した文言がすべてスクリーンや手元のタブレットに表示される。また，肢体不自由などのあるスカラーには，必要に応じてノートテイカーが付くこともある。他にも，

第3章　進学を目指す高校生への情報提供(1)

例えば以下のようなテクノロジーによる支援も行われる（中邑・近藤，2012）。

- 授業の資料を音声で聞くための音声読み上げソフトウェア
- 板書や発話内容などを記録するためのデジタルカメラやICレコーダー
- 音声や映像を，入力したメモと同期して記録できるソフトウェア（例：OneNote）の活用
- 音声入力ソフトウェア（例：AmiVoice SP2）でレポートの文章入力
- 聞こえを保障するFM補聴システム（例：iSense Micro）
- 環境中の雑音を低減するノイズキャンセリングヘッドフォン（例：BOSEおよびSony製品）
- 拡散した思考をまとめるための概念マップ作成による思考の可視化（例：Microsoft Visio）

　上記のようなテクノロジーは，肢体不自由のあるスカラーはもちろん，ディスレクシアや書字障害，ADHD等のあるスカラーも役立てることができる。ニーズに応じたテクノロジーの活用はDO-IT Japanでは強く推奨され，また個々のスカラーの必要に応じて，DO-IT Japanから無償貸与されるものもある。

　FM補聴システムについてもう少し説明する。夏季プログラム中，スカラーが誰でも自由に使ってよいツールとして，FM補聴システムが多数準備されている。講師や話者の発話が，補聴器によってスカラーの耳に直接届くシステムである。聴覚障害のあるスカラーはもちろん，ADHDや自閉症スペクトラムなど，聴覚的に必要な場所や発話に注意を向けることに困難のあるスカラーでも，期間中この機器を借りて使い続ける者がいる。彼らは知覚的には聞こえていても，聴覚情報の処理の面で困難を感じている場合がある。補聴により聞こえの環境を整えることで，その困難さが自分にも存在することに初めて気付くスカラーも少なくない。これと同じことは，

写真3-3　日本マイクロソフト株式会社で行われた概念マップ作成セミナーの様子

ノイズキャンセリングヘッドフォンを初めて使ったスカラーにもいえる。ノイズキャンセリングヘッドフォンは市販されているもので特別なものではないが，これを使うと，講義室でよく流れている，空調やプロジェクターなどが発する背景ノイズだけを選択的に小さくすることができる。

　これらの機器を使うことで「楽になった」経験を通じて，彼らは自分自身にその面でのニーズがあったことに気付く。または，特に通常学級で学んでいるスカラーでは，DO-IT Japanに参加する前の日常生活で，かなり自分が「頑張っていた」ことに気付く。所属している高校に帰れば「どうして君だけそんなものを使うのか，ズルいのではないか，もっと頑張った方が良いのではないか」と言われることもある。しかしDO-IT Japanでは，それらを使うことで「倒れる回数が減って，学ぶことの本質的な部分にかけられるエネルギーが増えた」と語る先輩スカラーや，機器の適切な利用法を説明するアドバイザーやスタッフもいる。また，大学生活では障害学生支援の文脈で，それらの使用許可が下りることも少なくないことを，スカラーが知っておくことも重要である。こうした経験から，スカラーたちは「配慮を得ることは努力が足りない悪いことである」という観念を超えて「どのような場面で必要な配慮を得ることが合理的なのか」という考えに向かっていく。このような観点は，セルフ・アドボカシーを行うための基礎となる点でも重要である。

　また，移動時の車両と同じように，本人の判断の上，使うことができる休憩室も常に用意されている。部分的にプログラムを欠席して休憩室で休んだり，時には思い切ってプログラムを休み，翌日に備えることも，必要に応じてチャレンジしてみてよいと伝えられる。重度の肢体不自由のある学生が休憩室を使うことも多いが，実際のところ，これまでの夏季プログラムで最も休憩室の利用率が高いのは，何らかの発達障害のあるスカラーたちである。

③　大学生活のプランニング

　大学進学後の単位の取り方や，自分なりのニーズに合わせた生活スタイルを考えることがプログラムのトピックに盛り込まれる。大学入学後にどのような学習や生活がおとずれるのか，先輩スカラーが実例をもとにして紹介するセミナーもある。

　他にも例えばある年には，「留年や休学」を捉え直すディスカッションが，先輩スカラーによる企画として行われたことがある。その際，自閉症スペクト

ラム障害のあるスカラーからの話題として,「大学進学後に周囲と同じ単位の取り方では疲労により日常生活の他の部分にまで不調が及んだり,個々の授業での学びの質が落ちてしまうことを考え,状況によっては同級生より一年余分に大学に通うことになってしまうかもしれないが,安定して大学に通い,また学びの質を担保した数の単位取得数に抑えて年間計画を立てている」と語った。また,肢体不自由のあるスカラーは,手術とその後の復帰のために休学を余儀なくされているが,その期間の当初に,他の障害のない同級生と比較して挫折感を感じたことと,その後の休学期間を経て,自分自身のあり方を捉え直し,再肯定に向かった経験について語った。彼らはそれを元に「留年」や「休学」の意味について参加者全員でディスカッションしていた。

そのディスカッションの場でのコメントや後日の感想では,通常学級に在籍してきて,これまで障害のある同級生と近しく交流したことのないスカラーたちの意見が印象深かった。彼らは,障害という視点に立って,他ならぬ自分自身にとっての大学での学びのあり方を考えれば,留年・休学がときに肯定されることがあるのだという考え方に,驚きながらも共感的に受け止めていた。それまでの学校生活で,自らの感じていた不全感やマイノリティ的な孤立感や違和感を再考し始める機会となっていた。

このようなプログラムは,いわばエンカウンターグループやピア・チュータリングのようなアプローチの一種と捉えることもできるだろう。障害のある当事者同士であるからこそ,障害や困難の捉え直しを促したり,どのような自分でありたいと考えているかについての気づきを生む影響を与えることができる。それは専門家と障害当事者という関係性だけからは得られないことであるとも言える。

(2) 大学へ合理的配慮を求めること

スカラーは「合理的配慮 (reasonable accommodation)」の考え方について,プリプログラムで基礎知識を学び,自分にとって最低限必要な配慮は何であるかを考え,他者に伝えるためのプレゼンテーションを作る。夏季プログラム期間中には,他の参加者に自分自身が必要であると考える配慮を伝える。そして,先輩スカラーやアドバイザー,スタッフから,経験を通じた,現実に即したアドバイスを受ける。加えて,支援の合理性や必要性に関する議論などを通じて,自分自身にとって必要な配慮についての考えを深める。夏季プログラムにはそ

のためのプログラムが複数用意されている。他にも，「あまり障害学生支援について積極的ではない態度をもつ大学教職員や，理事など運営側の人々」に対して，実際に自己のニーズを説明して，配慮を得る交渉を行う疑似体験プログラムにも参加する。

　これらのプログラムは，スカラーが自己のニーズや，今現在，自分自身を取り巻く状況を見つめ直す機会となることはもちろん，それ以外にも重要な働きがあると考えている。まず，プログラム参加により，国際的な合理的配慮の考え方を知ったり，他のスカラーが現在困っていること，求めたいと考えていることや，先輩スカラーの過去のチャレンジ経験を知ることができる。その結果，必要な配慮は他人に与えられるものではなく，自ら求めて得ていくもの，というセルフ・アドボカシーの観点を，スカラーそれぞれが内在化することにつながっている。

　夏季プログラムでは，自分の特性に合った様々なツールや支援を経験して，その影響を参加者が実体験することができる。その後の通常の学習環境や，定期試験，ひいては大学入試においても，続けて使用したいと考えるスカラーは多い。しかし，自らそれを周囲に求めていく，という観点がなければ，スカラーにはそれらツールや支援が夏季プログラム中だけ特別に許されていることになってしまう。つまり，彼らの日常には般化していかない。しかし，セルフ・アドボカシーのプログラムに参加することで，夏季プログラムを終えて日常に帰った後，学校や周囲に必要な配慮を自ら求めて，自らの環境を変えようという態度をもつスカラーが生まれている。その結果，毎年新しいチャレンジの連鎖が生まれ，またその結果はメーリングリスト等のオンライン活動で他のスカラーたちと共有されている。

　加えて，これら夏季プログラム終了後のスカラーの自発的なチャレンジは，DO-IT Japanがバックアップを行う。スカラーからの相談があった場合，やはり彼らの意思や自己決定を尊重した上でだが，彼らのニーズについての適切な説明を大学側に行う方法などについて具体的なアドバイスを行ったり，困難と支援の合理性についての客観的なエビデンス（証拠）を得て，DO-IT Japanからの意見書を添えることなどを行っている。

① スカラーによるセルフ・アドボケイト事例
　発達障害に関するものだけでも，これまでのスカラーのチャレンジには様々

なものがある。大学入試に関して言えば，自閉症スペクトラム障害と書字障害のあるスカラーが，一般入試の小論文でワープロの使用を求める申請を行って許可され，合格した事例がある。また，高校入試に関して言えば，ディスレクシアのある生徒が県立高校の入試で音声読み上げソフトによる受験を求めたが認められず，しかし代読による支援を得て，合格した事例がある。一方発達障害ではないが，脳卒中による慢性の高次脳機能障害（ディスレクシア）のあるスカラーが，大学入試センター試験に音声読み上げソフトウェアの使用または代読を数年にわたり求めたが，認められなかった事例がある。この事例では，2010年にできた発達障害に対する特別措置に先立って，2009年に試験時間延長は認められた。しかし，ディスレクシアのある受験生の場合，時間が延長されても，試験内容へのアクセシビリティ（障害のある人の利用を考慮した形式が選べること）が保障されない限り，あまり意味のない配慮となってしまう。これまで大学入試センター試験が音声で受けられる制度は整えられていないが，今後の発達障害への対応のため，音声受験の実現は非常に重要なポイントとなるだろう（近藤, 2012)。

通常の授業における配慮に関して言えば，書字や注意の困難のため，ICレコーダーやデジタルカメラを授業内容のメモ用途で利用する許可を得ているスカラーがいる。しかしこのように比較的軽微と考えられる配慮も，なかなか認められない現状があるのが事実である。他にも，やはり自閉症スペクトラム障害と書字障害のあるスカラーが，高専の授業にメモ用の端末（例，キングジム製ポメラ）やパソコンの持ち込みの許可を得た事例がある。また，高校の期末試験や模試等の試験を代読により受験しているディスレクシアのあるスカラーがいる。

高校生以上のスカラーは，いずれの事例でも，自ら困難と必要な配慮を説明して，大学・学校側が認めてくれるかどうかの交渉を行っている。「私は（障害による機能的制限のため）こういうことに困っている」と自ら訴えることは，セルフ・アドボカシーの出発点としてとても重要なことである。しかし，「困っている」と伝えるだけでは，相手からは「なるほど，それは大変ですね」と同情されるだけで終わってしまう。相手が常に支援の専門家であるわけではないからだ。ところが，「私はこういうことに困っているが，このような配慮（ツールの利用など）を認めてもらえれば，このような形で授業に参加したり求められる成果を達成できるが，どうか」という求め方をすれば，大学や学校側はイ

エスまたはノーで答えなくてはならず，具体的に交渉が進む。夏季プログラムや相談を通じて，スカラーたちはこのようなセルフ・アドボカシーのスキルを身につけている。

　また，高校や大学以外でも，小学生スカラーが読み書きの困難を軽減するために，タブレットやICレコーダー，デジタルカメラなどの機器利用について，所属する小学校から許可を得た事例が生まれている。これらの事例では，DO-IT Japanが学校にアドボケイトとして介入することで，学校の理解を得て，配慮が得られるようになった。

　他にも，発達障害だけではない様々な障害への大学入試での合理的配慮（近藤・平井・中邑，2011）の事例からも，障害のある学生にとって必要となる配慮のあり方について知ることができる。障害種別や診断名にとらわれず，そこにどのような困難があり，どのような合理的かつ柔軟な解決方法があるのかを考える視点が重要である。支援や配慮は，「他者の善意に基づく特別なもの」ではない。障害の有無にかかわらず，多様な背景をもつ人々が，平等に学ぶ権利を保障するために不可欠な手段であるからだ。

4　産学官による支援体制

　DO-IT Japanは東大先端研が主催しているが，その運営にかかる資金は共催企業（日本マイクロソフト株式会社，富士通株式会社，ソフトバンクグループ）から提供を受けている。またスカラーに直接提供されたり，間接的にDO-IT Japanの運営を支えるテクノロジー製品は，多くが協力企業により提供または貸与されている。

　また，夏季プログラムでの日本マイクロソフト社訪問，秋季プログラムでの富士通社やソフトバンクグループ企業，マガジンハウス社や資生堂社の訪問などでは，企業と共に将来の就労を見越したプログラムを共に考案し，実施してきた。このように，DO-IT Japanにおける機会提供は，企業からのバックアップなしには実現できない部分が多い。

　さらに，DO-IT Japanは開始当初から文部科学省と厚生労働省からも後援を得て，関係者を出席者として招いたシンポジウムを毎年開催してきた。障害の問題は社会を構成するメンバー誰もが自らの問題として共有すべきことである。今後も産学官様々な人々と共に，協力し合える体制をつくっていきたい。

5 おわりに

　本章では，DO-IT Japan の取り組みについて，自立と自己決定，セルフ・アドボカシーを支えるための，テクノロジー利用や夏季プログラム，相談事業による参加者支援の概要と一部の詳細を紹介した．実際にはここで触れた以外にもプログラムの内容は多岐に及んでいる．紙幅の都合により詳細を紹介できないことが残念だが，関心のある方はぜひ DO-IT Japan ウェブサイトでの情報を見たり，DO-IT Japan が企画する各種一般公開イベントへ足を運んだり，スカラーたちと対面することで，取り組みの内容を直接感じていただければ幸いである．またもちろん，毎年の新規スカラー募集では，新しい DO-IT Japan の仲間を待っている．

　DO-IT Japan では障害のある児童生徒・学生の移行支援とリーダー育成を主眼に据えている．そしてその先には，障害の有無にかかわらず，誰もが自由に未来へ夢や希望を抱くことができ，互いを認め合いながら参加できる社会の構築に貢献することを目指している．「障害」をひとつのキーワードとして，社会全体が多様性に開かれたものとなることを望む．

[参考文献]

Burgstahler, S.（2013）LD のある生徒の社会的成功を促すために：配慮の提供，移行支援，テクノロジーの利用，ユニバーサルデザインを通して，LD 研究，22，10-20．

近藤武夫（2012）．読み書きできない子どもの難関大学進学は可能か？．中邑賢龍・福島 智（編）バリアフリー・コンフリクト：争われる身体と共生のゆくえ　東京大学出版会　pp.93-111．

近藤武夫・平井麻紀・中邑賢龍（2011）．障害のある学生への高等教育における合理的配慮の妥当性に関する研究，平成 22 年度日本学生支援機構障害学生受入促進研究委託事業実績報告．http://www.jasso.go.jp/tokubetsu_shien/koudairenkei/

中邑賢龍・近藤武夫（監修）（2012）．発達障害のある子を育てる本 ケータイ・パソコン活用編　講談社

中邑賢龍・福島 智（編）（2012）．バリアフリー・コンフリクト：争われる身体と共生のゆくえ　東京大学出版会

第4章

進学を目指す高校生への情報提供(2)
――富山大学の取り組み

西村優紀美

1 高校と大学をつなぐシームレス支援

　富山大学では平成19年度から，学生支援センター　アクセシビリティ・コミュニケーション支援室（以下，HACS）トータルコミュニケーション支援部門を中核として，発達障害のある大学生および発達障害傾向を有する大学生に対する修学支援を行ってきた。

　HACSにおける発達障害大学生支援は，トータルコミュニケーションサポート（TCS）というコンセプト（ミッション）に基づいて構築，実践されている（齋藤，2010）。TCSは，発達障害のある大学生の豊かな才能が社会全体の発展に寄与するという将来像（ビジョン）に基づき，社会的コミュニケーションの問題や困難さに焦点をあてた支援を，学内外の必要な援助リソースを総動員して包括的に行うことを意味している。具体的には，①発達障害の診断のあるなしにこだわらない支援，②マルチアクセス手段の確保，③支援者への支援（メタ支援），④シームレス支援（継ぎ目のない支援）という4つの支援を柱にして展開している。シームレス支援とは，大学へ進学する高校生を対象とした受験期の支援や，大学在学中の支援，また，大学卒業後のキャリア支援を含む「継ぎ目のない支援」を意味している。これを表したのが図4-1である。本稿のテーマである高校から大学への移行支援を，段階的な社会参入支援（Social Affiliation Support）のⅠ期として位置づけている。

　社会参入とは単なる次の段階への移行というだけではなく，生徒にとって「個人と社会の関係性」の根本的な変容が求められるプロセスである。ここで重要な点は，高校と大学それぞれの支援者が協働し，発達障害のある生徒が，その

第4章　進学を目指す高校生への情報提供(2)

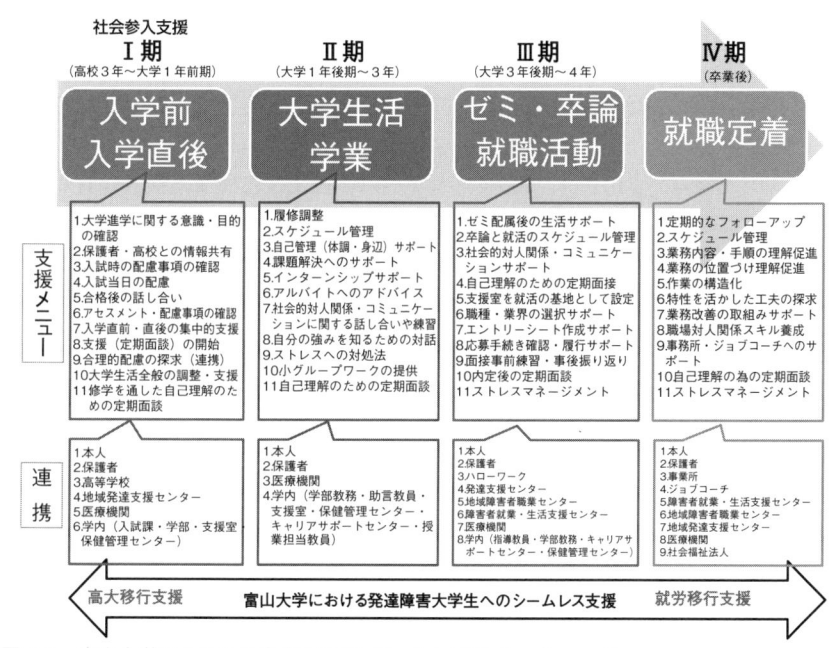

図4-1　富山大学における社会参入支援（Social Affiliation Support）

努力に見合う結果を出せるような支援を展開することである。シームレス支援のⅠ期では，大学進学を目指す高校生の戸惑いや不安を本人視点で理解し，その本質を丁寧に見極め，個々の困りごとに対応した支援内容を探り，本人が納得するかたちで支援していく必要がある。

全国LD親の会が2005年度に行った「LD等の発達障害のある高校生の実態調査報告書」によると，高校卒業後の進路選択について保護者が困っていることとして，「本人の適性がわからない」，「大学等の理解がどれくらいあるか不安」，「進路指導がとりあえずの進学になっている」，「進学して，資格を取りたいが取れるかどうか不安」という回答が多かった（全国LD親の会，2008）。また，同報告書の統計では，高校卒業後の進学希望が57.14％（福祉サービス対象外の生徒）であることから，大学等の高等教育機関においても発達障害の特性に対する支援ニーズをもつ学生が入学している可能性は十分にあると考えられる。本報告書でも，「大学等の高等教育機関においてもLD等の発達障害のある学生への支援体制の整備が必要である。」とまとめている。

57

一方，文部科学省では，平成19年度より発達障害のある生徒への具体的な支援の在り方について実践的な研究を行う高等学校をモデル校として指定し，「高等学校における発達障害者支援モデル事業」を実施した。しかしながら，主な研究内容はソーシャルスキル指導，授業・教育課程の工夫，教員の理解啓発，就労支援等であり，大学進学や大学への移行支援に関する研究は行われていない。このような中，平成23年度には，「障害学生受入促進研究委託事業：障害のある生徒の進学の促進・支援のための高大連携の在り方に関する調査研究」が，独立行政法人日本学生支援機構の報告書としてまとめられた（日本学生支援機構，2012）。障害のある生徒が高等教育機関に進学しようとする場合，①入試そのものに対する不安，②入学後の修学上の不安，③学生生活への不安，④就職への不安を感じているという。これらのアンケートによる回答を受けて，大学進学を希望する生徒が，具体的にどのような不安を感じているのかを知り，生徒を支援する高等学校や保護者がどのようにこの不安と向き合い，不安を解消する手だてを講じているのかを調査する必要があると考え，アンケートをより深く掘り下げて，一人ひとりの語りから見えてくる解決方法を模索するために，①高校・大学間における情報共有のための事前相談窓口の開設，②発達障害のある高校生への体験学習（チャレンジ・カレッジ）を実施した。

　高大移行支援の在り方は，生徒と家族，支援者などを含む複数の当事者が抱えているニーズは何かということに主軸をおいて探求する必要がある。複数の関係者の語りに耳を傾けることから始め，当事者がどのような経験をし，何を望んでいるかを受け止めるところから実践を開始した。

2　発達障害のある大学生へのインタビュー

　大学進学に関して支援を受ける当事者側の実感に基づいた支援の在り方を探求するため，高機能自閉症の診断のある学生とその家族を研究協力者として，高校から大学への移行に関してのインタビュー調査を行った（西村・桶谷・吉永，2012）。インタビュー協力者は，Aさん（女性，21歳，インタビュー当時富山大学4年次生として在学中，高機能自閉症の診断あり）とその母親である。ここで明らかになったのは，①安心できる環境の保障，②学業に対する強い関心を満たす，③苦手な教科の学習方法，④入学試験に必要な受験スキルの習得，⑤障害（特性）に関する自己理解，⑥オープンキャンパス等での個別相談窓口

の設置，⑦大学入学直後から授業開始時期の集中的修学サポート等の必要性であった．

この中で，本稿に関わることがらをまとめてみると，一つは受験期の環境を整え精神的に安定した状態を保つための支援が必要であること，また，オープンキャンパスを活用した個別的なアドバイスが入学後の大学生活の安定につながること，その際に，大学における支援体制と相談窓口を明示し，入学が決まった時点で早急に支援者につながることが重要であることが明らかになった．

3　事前相談窓口の設置

HACSでは発達障害のある生徒の進路指導に関して，複数の高校や保護者から相談を受けることがあった．多くの場合，富山大学が開催した講演会や出版物を頼りに，高校の進路指導担当教員や保護者が個人的に連絡をとってくる．我々は，高校での支援が進むに従って，このような相談が増加することを予測し，発達障害学生の受入体制の一環として，近隣県の高校が集まる高校教員向け入試懇談会とオープンキャンパスの機会を活用したいと考えた（桶谷，2012）．

事前相談は，高校側にとっては生徒の進路指導に際し必要となる個別的な情報を得るチャンスであり，大学側にとっては直接の支援者である高校教員や保護者から具体的な本人の特性を聞くチャンスとなり，入学直後の混乱や専門科目に対する学び方への不安を避けるための情報提供が可能になる．

(1)　高校教員向けの事前相談窓口の開設

2010年度からHACSと入試グループで事前に打ち合わせを行い，大学が行う高校教員向けの入試懇談会の会場においてHACSのブースを開設し，発達障害のある生徒の進学に関する事前相談を受けつけた．富山大学を進学志望先に選んでいる発達障害生徒についての相談が複数あった．

(2)　オープンキャンパスでの事前相談窓口の開設

オープンキャンパスは，入学希望者にとっては入学概要や学部学科の情報を得て，学内施設を見ることもできる貴重なチャンスである．HACSでは，障害（身体障害，発達障害）のある生徒の受け入れにおいて，オープンキャンパ

スを，初めて支援窓口につながる最も重要な場と捉え，2010年度から事前相談窓口を開設した。事前に本学HPに掲載した事前相談窓口の情報は以下のとおりである。

〔富山大学HP掲載情報〕
障害のある方への事前相談窓口開設について
富山大学では，アクセシビリティ・コミュニケーション支援室を設置し，障害のある学生に対する修学支援を行っております。オープンキャンパスでは，身体障害（視覚・聴覚障害，肢体不自由）及び，発達障害（LD，ADHD，自閉症スペクトラム障害）のある方の事前相談として個別に相談を受け，入学後の障害学生支援についてご説明します。
※手話通訳や車椅子の配慮等が必要な場合は，下記問い合せ先までご連絡ください。
事前申込みはなくても，当日ご相談いただけます。

対象：障害のある受験生，保護者，高校・特別支援学校の進路指導教員
日時：高岡キャンパス：○月○日（○曜日）13時〜16時
　　　五福キャンパス：○月○日（○曜日）12時〜16時
　　　杉谷キャンパス：○月○日（○曜日）12時〜16時
場所：高岡キャンパス：保健管理センター
　　　五福キャンパス：トータルコミュニケーション支援室
　　　杉谷キャンパス：トータルコミュニケーション支援室（五福キャンパス）
問い合せ先：アクセシビリティ・コミュニケーション支援室

(3) 対応事例

事前相談窓口を利用したいくつかの代表的なケースを，個人情報を消去した複合事例として紹介する。

事例1：入試懇談会における進路指導担当教員からの事前相談（1）
〈相談目的〉

第4章　進学を目指す高校生への情報提供(2)

発達障害者受入体制の情報収集・当該生徒の特性に対する支援に関する情報提供
〈相談内容〉
　高校3年生の高機能自閉症スペクトラム障害の生徒が大学進学を希望している。学力も高いので入試は突破すると思われるが，高校としては本人の障害特性への適切な支援を受けられる大学に進学してほしいと思っており，複数の大学の支援状況を調べている。本人の特性として，①思考の固さ，②こだわり行動に対して周囲からの指導が入りにくいことが挙げられる。しかしながら，③ルールの遵守，④学問的興味が非常に高く，理数系の科目については意欲的に取り組むが，本人の希望と高校の進路指導がずれていることが気になっている。今後，富山大学のオープンキャンパスを案内し，支援室に連絡するよう勧めたいので，その時は対応してほしい。
〈対応〉
　進路担当教員に対して，支援方針の決定から具体的な支援方法までの流れを口頭で説明するとともに，HACSのパンフレットとオープンキャンパスの案内を渡し，これまでの修学支援の実績について説明した。高校では校内支援会議を開き，発達障害に関する研修会を重ねるとともに，地域の特別支援教育コーディネーターを招いての事例検討会を複数行ったとのことであった。理数系の能力の高さを活かした進路先を模索している様子がうかがえたものの，高校としては対人関係面の困難さに関する支援も必要であると考えており，入学した場合の支援内容に関する質問があった。支援室コーディネーターからは，個別の修学支援は単に学びやすくするだけではなく，本人が自分の弱みに対する対処法を学び，強みを活かしていく成長モデルを基盤においていることを説明し，富山大学では小グループによるコミュニケーション教育も行っていることを紹介した。オープンキャンパスでの個別相談に関する情報を提供した。

事例2：入試懇談会における進路指導担当教員からの事前相談(2)
〈相談目的〉
　進学を希望する生徒の支援に関する情報提供
〈相談内容〉
　ADHD（不注意タイプ）と睡眠障害の高校3年生が大学進学を希望している。中学の頃から朝が弱く遅刻しがちで，高校でも同様の傾向があり，担任が家ま

で迎えに行き，なんとか出席日数を満たすことができた。学力，友人関係は問題がないが，大学に入学した場合，どの程度の支援をしてもらえるのか知りたい。大学では下宿をしなければならないので，生活支援を希望している。今後，合格後に保護者に支援室と連絡を取ってもらうつもりなので，その時は対応してほしい。

〈対応〉

　支援室での支援体制と修学支援の内容に関して説明する。HACSでは，「生活支援」は行っていないが，毎日のスケジュール管理と共に生活全体を見直すための話し合いをすることができること，また，遅刻しないための方策を一緒に考えることができる等，これまでの支援事例を参考にしながら説明を行った。本事例の場合，就起が不安定で忘れ物も多い等，生活面の問題が大きいにもかかわらず，高校ではなかなかそのことに取り組むことができなかったという。支援者からは，大学では自宅まで迎えに行くことはせず，自立的な生活をするための支援を行うという方針を示した。授業開始に間に合うようにするための工夫や忘れ物をしないための工夫，スケジュール管理をするために定期面接を行い，手帳の活用を勧めることなど，過去の事例を例にしながら説明した。入学が決まった場合，支援内容および支援方法に関する意思統一を図るために，本人および保護者と話し合うことを提案し，合格後すぐに支援室に連絡するよう伝えた。

　入学後，1年前期は出席が安定せず，単位取得に苦労したが，1年後期は定期面接の中で睡眠時間のコントロールや生活リズムについて話題にしていった結果，順調に単位を取得することができた。

事例3：オープンキャンパスでの事前相談（1）

〈相談者〉

　高機能自閉症スペクトラム障害の高校3年生および保護者

〈相談目的〉

　進路指導担当教員から勧められて事前相談窓口を訪れる。

〈相談内容〉

　本生徒は，事例1の生徒である。保護者は進路指導担当者から事前相談窓口について説明を受けており，支援スタッフ，および支援内容に関する情報を得るために来室した。

第4章　進学を目指す高校生への情報提供(2)

〈対応〉
　高校できめ細やかな支援を受けていたにもかかわらず，当該生徒は支援の必要性を感じている様子が見られなかった。そこで，雑談の中で志望学部学科や興味・関心，得意・不得意について，あるいは，大学入学後の夢や不安について話を聞いた。志望学部については，進路指導担当者が勧める学部に変更したという。また，不得意科目に関する不安が大きかったので，複数の授業形態があることを情報として与えたところ，安心したようだった。入学後の夢は，好きな科目の勉強とサークルだという。入学後の不安はまったくないということだったが，大学に対するイメージが希薄であると判断し，高校と大学との違いについて具体的に解説した。保護者は，「入学した際には是非，修学支援をお願いします」と支援を希望した。本人には，「合格したときは，またこの場所（HACS）に来てください」と伝えた。
　合格後，保護者と本人が支援室を訪れ，入学式前後のスケジュールと履修に関する情報提供を行った。当初，当該学生は定期面談の必要性を感じていなかったが，授業開始直後から支援室に飛び込んでくるような事態が起こり，その後は1週間に1度の定期面談を継続し，無事に進級している。

事例4：オープンキャンパスでの事前相談 (2)
〈相談者〉
　アスペルガー症候群の診断がある高校3年生
〈相談目的〉
　志望学部の詳細な情報と入学後の支援に関する情報が欲しい。
〈相談内容〉
　高校3年次の春に居住地域の発達支援センターから支援室に紹介があった。オープンキャンパスで当該生徒と支援室コーディネーターが顔合わせをし，通常のオープンキャンパスだけでは理解できなかった入試の詳細情報や入学後のコース選択について，コーディネーターから解説した。
〈対応〉
　志望学部は決まっているものの，その中でも自分の興味のある専門分野についての詳細な情報を求めていた。質問に応えつつ，納得できない点については学部内を見学しながら説明し，当該生徒の疑問を解消していった。また，シラバスをもとに授業内容を説明し，具体的な学習内容についての情報提供を行っ

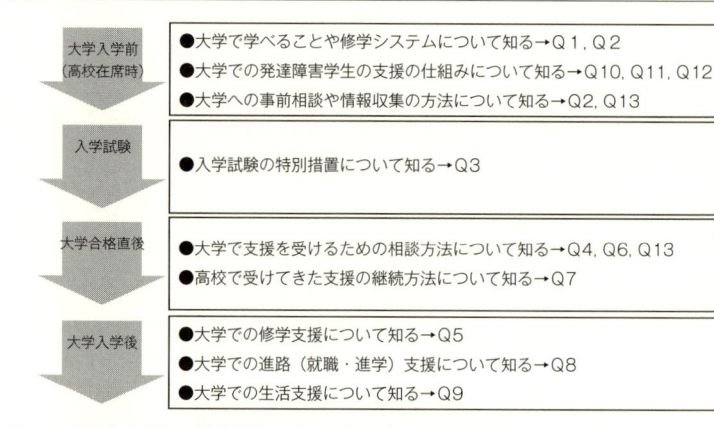

```
大学入学前      ●大学で学べることや修学システムについて知る→Q1, Q2
(高校在席時)    ●大学での発達障害学生の支援の仕組みについて知る→Q10, Q11, Q12
               ●大学への事前相談や情報収集の方法について知る→Q2, Q13

入学試験        ●入学試験の特別措置について知る→Q3

大学合格直後    ●大学で支援を受けるための相談方法について知る→Q4, Q6, Q13
               ●高校で受けてきた支援の継続方法について知る→Q7

大学入学後      ●大学での修学支援について知る→Q5
               ●大学での進路（就職・進学）支援について知る→Q8
               ●大学での生活支援について知る→Q9
```

Q-1. 高校と大学とで学ぶ環境はどのように違うのですか？
Q-2. 大学進学のために高校の時点で準備しなくてはならないことは何ですか？
Q-3. 入学試験の特別措置にはどのようなものがありますか？
Q-4. 富山大学に合格しました。入学後の修学上の相談をしたい場合，いつ大学に問い合わせればよいのですか？ また，どこに連絡すればいいですか？
Q-5. 富山大学での発達障害のある学生の修学サポートの特徴はなんですか？ また具体的にどのようなサポートが受けられますか？
Q-6. 修学サポートを受けるために診断書や障害者手帳の提示は必要ですか？
Q-7. 発達障害の診断を受けており，高校まで支援を受けてきました。これまでに受けてきた支援を大学でも継続して行ってもらえますか？
Q-8. 大学卒業後の進路（就職や進学）についての相談もできるのですか？
Q-9. 遠方に住んでいますが，富山大学への受験を考えています。一人暮らしができるかどうか心配なのですが…。
Q-10. 富山大学における発達障害のある学生支援の方針について教えてください。
Q-11. 富山大学での発達障害のある学生支援の体制について教えてください。
Q-12. アクセシビリティコミュニケーション支援室のこれまでの支援実績を教えてください。
Q-13. 富山大学における問い合わせ先はどこですか？

図4-2 富山大学に進学希望する生徒への進学ガイド Q＆A

た。最後に，コーディネーターから入学後に提供できる修学支援について説明し，本学への入学決定直後から支援が開始できるよう支援室のパンフレットを渡した。

　本生徒は複数の大学を見学した結果，自分の関心のある分野があり，支援体制も整っているという理由で富山大学を受験し合格する。

　合格が決まった直後に本人と保護者が支援室に来室し，生育歴・相談歴の聞

き取り，入学式前後のスケジュールの確認を行った。また，一人暮らしを開始するに当たって，生活面での困りごとも予想されたので，アパート探しや新生活の準備等に関する相談にも応じた。一方，学部教員に対しては，本人及び保護者の了解を得て，学科会議の中で当該学生の特性と支援に関して情報提供し，支援者と学科教員，および事務職員とのチーム支援を行うことを決定した。1年次は特性による困りごとへの配慮要請を行ったが，進級するごとにその回数は減少し，無事進級している。支援を継続する中で，自分自身の特性に対する理解も進み，セルフアドボカシーに関する意識も育ち，自ら教員と話し合う機会も増えていった。

(4) 大学進学ガイドの作成

富山大学への進学を希望する発達障害のある高校生のための大学進学ガイドを以下の項目で作成した（斎藤ら，2012）。調査で得られた知見を基に，Q&A方式で高校生が抱く大学進学時の疑問点に応えられるような工夫を行い，大学入学前から大学入学後に至る時系列で質問内容を分類した見取り図を作成した。詳細は割愛するが，質問項目を紹介する（図4-2）。

4 チャレンジ・カレッジ（発達障害のある生徒の大学体験プログラム）

入試事前相談やオープンキャンパスでの相談を受けて，発達障害のある生徒の困りごとに沿った事前相談のあり方を検討する必要性を感じた。一般的な事前相談よりも個別的であり，高校までの支援の引き継ぎを視野に入れた相談になる可能性がある点が大きく異なり，丁寧で個別的な事前相談が必要ではないかと考えた。

また，オープンキャンパスに関しても，一般的なオープンキャンパスでは，彼らが必要とする情報をわかりやすく提供できていないことがある点を考慮し，彼らの特性に配慮したプログラムを開発したいと考えた。発達障害のある生徒は，未経験のことに関して想像力を働かせイメージすることが難しい。つまり，通常のオープンキャンパスで提供される情報だけでは具体的なイメージをもちにくい。実際に，時間をかけて大学に関する情報を提供することによって，必要な情報をうまくキャッチすることができれば，受験勉強の意義や自分自身の

将来像を描きながら明確な目標をもち,受験期を過ごすことができるのではないかと考えたのである。それが,今回試みた「チャレンジ・カレッジ」である。この企画を行うに当たって,東京大学のDO-IT Japan[1]の取り組みを代表とするような体験型イベントを一つのモデルにして,大学進学を目指す生徒に対する大学体験プログラムを計画した。発達障害の特性に対応したオープンキャンパスの在り方を検討し,将来的には,高校-大学の移行支援プログラムとして定着させていく計画がある。

(1) 計画

以下のような案内を作成し,発達障がい親の会等を通じて,関心のある生徒を募集した。

チャレンジ・カレッジChallenge College ～発達障害のある生徒の大学体験プログラム～
〈目的〉
今年度,富山大学学生支援センター アクセシビリティ・コミュニケーション支援室では,将来的に大学への進学を希望している生徒に対する大学体験プログラムを実施する計画を立てています。大学での生活や,大学では何を学ぶのか等について,実際に模擬授業を受けたり,先輩から話を聞いたりすることによって,大学生活のイメージを確かなものにすると同時に,自分に合った進路選択ができるようになることが目的です。

〈プログラム〉
 (1) 大学生活について
 (2) 先輩から学ぶ学習のヒント
 (3) 施設の利用体験(生協食堂,図書館,学生支援センター等)
 (4) より良い大学生活を送るヒント(障害特性に応じた対処法)
 (5) 模擬授業体験

---

[1] DO-IT Japanとは,大学の講義参加だけでなく,通学,宿泊,企業訪問,参加者同士の交流といった活動を通し,大学進学に役立つ様々なテーマやスキルを学んでもらおうという5日間の大学体験プログラム。本書第3章参照。

〈参加費〉　無料（定員5名）
〈日時〉　201〇年〇月〇日（〇曜日）　10:00～15:00（12:00～13:00は昼食）
〈集合場所〉　富山大学五福キャンパス（富山市五福3190）　学生会館　多目的利用室
〈その他〉
(1) 発達障害がある生徒で，大学で学ぶことに興味のある希望者を対象にします。志望する大学は問いません。
(2) 現地集合ですので，会場までの費用は自己負担でお願いします。また，送迎は学校，保護者でお願いします。
(3) 当日は，参加される生徒の大学進学に関する教員や保護者からの個別相談を受けつけます。但し，富山大学での修学に関する事前相談については，個別にアクセシビリティ・コミュニケーション支援室にご連絡ください。
(4) このプログラムは富山大学に在籍する学生のピア・サポーター養成プログラムの一環として行われます。
〈問い合わせ先〉　富山大学学生支援センター　アクセシビリティ・コミュニケーション支援室

(2) 実施

　プログラムのはじめには，「大学生活について」の説明を行った。進路を選ぶ際には，自分の興味があることや得意な分野がなにかを振り返ることが重要で，自分の興味・関心がより深められるという希望が叶えられるような大学選びが大切であることを伝えた。
　次に，「先輩から学ぶ大学生活のヒント」として，大学のピア・サポーター活動を行っている学生から説明があった[2]。

[2] 富山大学では，ピア・サポーターとして「人に優しい社会」をリードする人材「アクセシビリティリーダー（ＡＬ）」の育成プロジェクトを推進している。ここでは，資格取得のための養成プログラムがあり，チャレンジ・カレッジの活動は，その一つの活動として位置づけられている。
http://www3.u-toyama.ac.jp/support/communication/leader/index.html

図 4-3　大学の授業に関する説明をするピア・サポーター

実験の様子

〈溶液の調整中〉
　化学で勉強したモル計算が必須です。
　溶液を汚染しないように気をつけて作業しています。

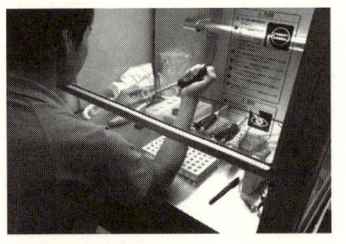

〈顕微鏡の操作〉
　中学校の理科で手順を習いましたね！
　皆さんしっかり覚えていますか？

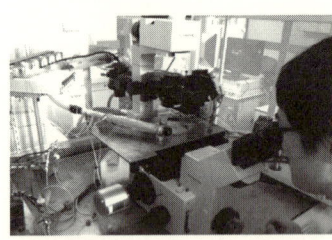

〈実験データの採取〉
　事前準備をしっかり行って，万全の体勢で実験を開始します。
　地道な作業を積み重ねていくことが大事です。

〈データの解析〉
　数学で勉強した微分積分，確率などを応用して解析を行っています。数学はこんなところで役に立っているんですね〜。
　もちろんプログラミングも行っています。

図 4-4　理系学部の実験の様子を説明したときの資料

第4章　進学を目指す高校生への情報提供(2)

より良い大学生活を送るヒントでは，それぞれの障害特性に応じた対処法を伝え，よりスムーズな大学生活への移行を実現するために詳細な説明を行うよう心がけた。

支援室で多くの学生が苦戦している中から，「スケジュール管理」，「講義の空き時間の過ごし方」，「大学内の相談窓口について」の3点を選び，スライドによる視覚情報を使いながら説明を行った。

図4-5　大学図書館の説明を受けている様子

入学に学生が最も困惑するのが，履修・スケジュールに関することがらである。特に，スケジュール管理は，高校のように時間割があり，クラス全員が同じスケジュールで動くという環境から一変する。学期初めの過密なスケジュールで混乱する学生が多いこともあり，スケジュール管理の仕方について説明した。支援室で支援をしている学生のタイプとして，スケ

図4-6　昼食は大学生協の食堂で好きなメニューを選ぶ

ジュール手帳を使って管理する方がうまくいくタイプと，携帯電話のスケジュール機能を使って管理するタイプがいるので，その両方の利点を説明した。スケジュール管理は大学入学前から活用することも可能なので，具体的な活用例を示し説明した。

模擬授業体験では，1年目は支援室教員が文系学部の授業を行い，2年目は理系学部の4年生がプログラミングの授業を行った。

大学は高校までと異なり，教室の大きさや学生数は一定ではない。また，資料が配布される授業もあれば，教科書を併用する授業もある。大人数になれば，授業担当者はマイクを使って講義をする。場所や空間の大きさへのこだわりや音への過敏性がある場合，自分が最も過ごしやすい場所を考え，座る位置や音

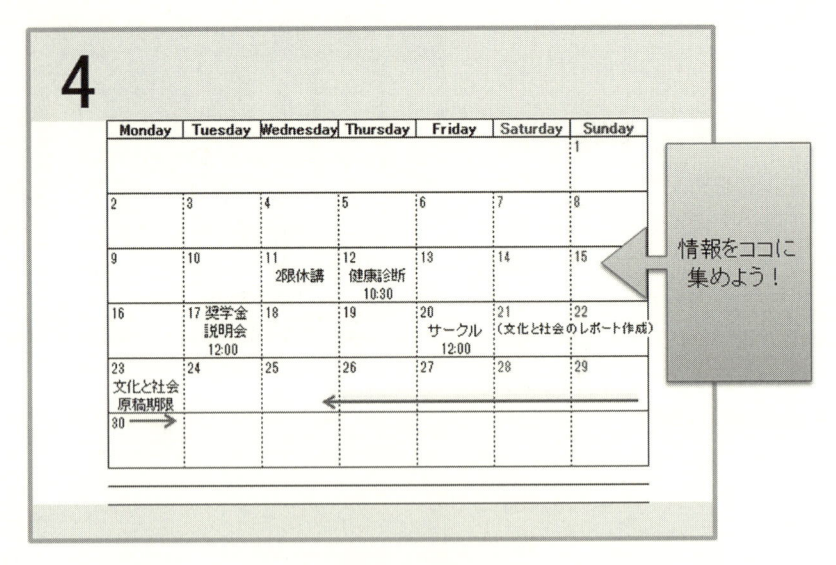

図 4-7　手帳を活用してスケジュール管理をする場合

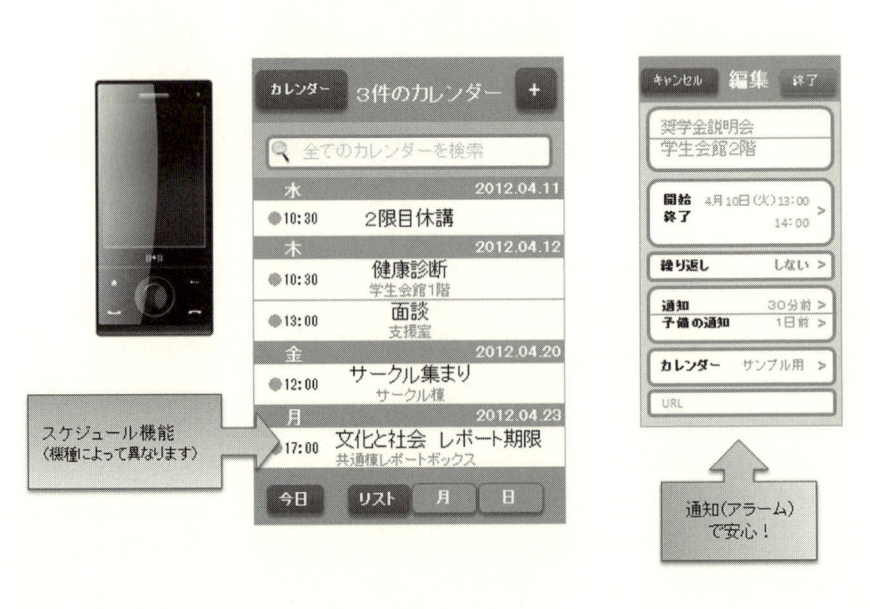

図 4-8　携帯電話を活用してスケジュール管理をする場合

量への対処をしなければならない。1年目は大講義室を使用し，パワーポイントで資料をもとに授業を行うという，高校までの授業形態とは最も異なるタイプの模擬授業を行った。2年目は，総合情報基盤センターの教室を使用し，一人ひとりに学生がサポートする形で模擬授業を行った。

(3) 結果

参加した生徒は1年目は4名（中学生1名，高校生3名），2年目は5名（中学生1名，高校生4名）であった。生徒へのアンケートには，「授業の内容も幅広く，教室も広くて驚いた」，「サークルにも興味がわいてきた」，「生協の食事はどれも美味しかった」，「構内が広くて迷ってしまいそうです」，「冷房が効いていて羨ましいです」という声があった。また，「私はまだ中学生ですが，早くも大学の体験を！！ということで，正直ビビってたんですが，思っていたよりも柔らかい雰囲気で楽しむことができました。ありがとうございました。」，「説明がわかりやすく，知りたい事をすべて教えてもらった。また先輩方が親しみやすく話もやりやすかった。機会があればまた参加したい。」という感想があり，参加生徒のニーズに応えることができたように思う。

生徒の施設見学の間に，保護者対象の個別面談を実施した。相談内容は，①受験の特別措置に関すること，②入学後の配慮に関すること，③高校生活で困っていることに関することであった。受験の特別措置を申請して受験した場合，入学後も同等の配慮をしてもらえるのかといった相談に関しては，教員と連携するための支援チームを作り，修学に関する合理的配慮について検討していく場合が多いこと，他大学でも支援室が設置されているので，支援者につながって相談していくことを勧めた。それぞれの大学で行われる入試でも同じような特別措置が適用されるのかという相談に関しては，各大学独自で行っているので，受験する大学に問い合わせていくしかないことを確認した。

また，高校で配布物の管理ができず苦労しているという相談があった。大学では，配布資料に教員名や授業科目名を入れてもらうよう学部に依頼したところ，教授会で承認され，以後，配布物の管理が非常に楽になり勉強もしやすくなったことなどの例を示し，本人の困りごとに対する工夫の仕方や教員への配慮願いの仕方についての情報提供を行った。

高校生活での困りごととして，「膨大な課題を期日までにこなすこと」，「体調管理と休息の取り方」，「心理的なストレスへの対処法」が共通してあげられ，

保護者として高校生活をサポートする際の悩みがつきないことが明らかとなった。アンケートにも,「今は学校の課題でめいっぱいのようで,高2,高3と今の状態が続いていくと,大学受験というところまで精神的にもつだろうかという心配がある。受験期は精神的に安定して過ごしてほしいと願っている」という記述があった。

今後どのような内容があったら良いかという質問には,1年目のアンケートで「物理の実験などに興味があるので,体験させてほしい」,「スケジュール表を実際に使ってみる体験があったらよい」,「授業科目の選択の仕方,優先順位の付け方などを体験できたらよかった」という回答があったため,2年目にはいくつかの改善点を検討し,①理系の模擬授業を行う,②希望する学部の履修計画を立てる,③使いやすいスケジュール管理法,等について学生とともに取り組む機会を設けた。

後日,参加した生徒の保護者から次のような連絡があった。

「チャレンジ・カレッジの後,高校の学年主任と話す機会があり,プリントに日付を入れるという話をしたところ,早速,プリントに日付を入れる欄ができたり,日付が入ったプリントが配られたりしました。子どものノートやプリントで足りないところがあると,教科担任がその部分に付箋を付けてくれたおかげで,間違いがわかりやすくなりました。子どもは今でも失敗したり間違えたりしながら,それなりに頑張っています。あのチャレンジ・カレッジは,'大学ってなんだろう?'という疑問や不安を,明るいものに変えてくれた良い時間でした」。大学での支援方法が高校でも活用できることがわかり,受験期をサポートする上でも,このような機会は非常に有効であることがわかった。

このように,大学体験プログラムでは発達障害のある高校生の認知スタイルに合わせて,視覚情報を多く提供し,彼らの知的好奇心を刺激するようなプログラムの提供とプレゼンテーションの工夫が必要である。また,彼らが日常的に困っているであろうことがらに関しては,どのように工夫すれば良いかというアイディアを提供することが困難さの解消に繋がり,大学生活への期待感をもつという意識の変容が期待できる。保護者のアンケートや個別相談で語られたように,困難さへの対処法は高校生活でも活用できる部分も多く,特性に特化した少人数の体験プログラムの場を通じて,高校と大学で共通する支援方法の共有化を図ることができるのではないだろうか。

5 おわりに

　入試懇談会，オープンキャンパスにおける事前相談では，実際に複数の高校及び家族から相談が寄せられ，受験を控える高校生のニーズを再確認することができた。入学に至った学生に対しては，早い時期からのサポートを開始し，入学時初期段階の混乱をうまく回避することができ，事前相談窓口開設の有効性が示されることとなった。窓口が設置されることによって，高校や保護者が迷うことなく支援情報につながることができることの意味は大きい。

　高校の進路指導担当教員は，発達障害のある生徒の実態をよく把握しており，当該生徒の個別のニーズに絞った具体的な情報を得ることを目的としていた（桶谷，2012）。事前相談では高校側のニーズとして挙げられるのは，①進学した学部学科と本人の興味関心とのマッチング，②特性に対する困りごとへの支援が可能かどうか，③過去の支援実績に関する情報提供，等が主な相談目的であった。また，大学の支援コーディネーターに関しても実際に会って確かめたいという思いもあるようで，このような観点からも，入試懇談会やオープンキャンパスにおける事前相談窓口において，支援担当者が直接対応できることの意義は大きい。

　大学支援者としても，face to face の関係の中で支援者間の情報共有ができたり，保護者や本人と直接話ができたりすることは，入学後の支援のイメージを早い段階からもつことができるという点で非常に重要な機会であるといえる。いくつかの相談の中には，「富山大学のような修学支援システムは，他大学でも当たり前に行われているのか」という質問や，「希望する大学のどこに支援をお願いすれば良いのか」という質問があった。これらの質問は，発達障害のある生徒が大学進学を考えるとき，現状では受入体制や支援システムがあるかないかが大学選びの大きな基準になっていることを意味している（桶谷，2012）。

　オープンキャンパスでの相談の場合，本人と保護者がもっている大学生活に対する不安を少しでも解消し，大学生活に対する具体的なイメージをもって，その後の受験勉強に臨んでもらうための貴重な機会となることがわかった。特に，保護者は進学に対する大きな不安をもっている場合が多く，個別相談を強く希望している可能性がある。ただ，大学で行われるオープンキャンパスだけ

では，発達障害のある生徒がもつ個別の関心事や疑問に応えるプログラムが提供されにくい場合もあり，今後はより発達障害の特性に対応したオープンキャンパスの在り方を検討する必要があると思われる。

　得意な能力を活かしたい，好きな学問を追究したい，多くの専門書を読みたいという高等教育への期待を，可能な限り実現するための大学選びであってほしいという願いは，すべての人々が思うところである。また，大学は青年期のアイデンティティに関わる精神的な成熟に時間をかけることができる場所でもあり，社会参入に向けての教育的な支援を行うことができる機関である。学生が真に学びたいことが学べる大学を選び，そこで支援を要請すれば適切な修学支援を受けられるというシステムが理想であり，そのような大学が今後増えていくことを期待する。

　高校から大学へのシームレス支援において重要なことは，「大学における発達障害学生支援の情報を開示すること」であり，「発達障害学生支援窓口を設置し，個別の相談をしやすくすること」である。富山大学では，継続的に大学の支援に関する情報発信をするためにHACSのホームページを作成し，「障害学生支援に関する基本方針」やさまざまな研修会案内，また，発達障害学生支援に関する映像教材を視聴できるようにした。さらに，大学の入試グループとの連携により，個別の相談をHACSが担当するという事前相談の流れも構築した。

　今後は発達障害のある高校生への大学進学ガイドをHACSのホームページで閲覧できるようにして，高校生がアクセスしやすい窓口を設置していきたい。また，発達障害のある高校生への体験型のオープンキャンパスは，富山大学が単独で行うのではなく，地域の大学と協働し，さまざまなタイプの大学がそれぞれの大学の特色を紹介していくことによって，高校生にとって選択肢がより広がるはずである。生徒の学びたいという願いを叶え，集いたいという希望を実現するための「発達障害学生支援のための地域大学間連携」を視野に入れた取り組みを展開していきたい。

[参考文献]

斎藤清二・西村優紀美・吉永崇史（2010）．斎藤清二．発達障害大学生支援への挑戦
　―ナラティブ・アプローチとナレッジ・マネジメント　金剛出版　p.21.
全国LD親の会（2008）．LD等の発達障害のある高校生の実態調査報告書．全国L

D親の会・会員調査　p.86.

日本学生支援機構（2012）．障害学生受入促進研究委託事業：障害のある生徒の進学の促進・支援のための高大連携の在り方に関する調査研究－報告書．23-27.

斎藤清二・西村優紀美・吉永崇史・桶谷文哲・水野薫（2012）．西村優紀美・桶谷文哲・吉永崇史．発達障害のある高校生への大学進学ガイド―ナラティブ・アプローチによる実践と研究　遠見書房　pp.53-59

斎藤清二・西村優紀美・吉永崇史・桶谷文哲・水野薫（2012）．桶谷文哲．発達障害のある高校生への大学進学ガイド―ナラティブ・アプローチによる実践と研究　遠見書房　pp.88-97.

斎藤清二・西村優紀美・吉永崇史・桶谷文哲・水野薫（2012）．発達障害のある高校生への大学進学ガイド―ナラティブ・アプローチによる実践と研究　遠見書房　pp.150-156.

第5章

大学入試センター試験における特別措置

上野　一彦

1 障害のある学生への受験上の配慮について

(1)「合理的配慮（reasonable accommodation）」という考え方

　障害のある者に対する世界的な人権思想は確実に進展している。2006年12月の第61回国連総会で採択され，2008年5月に発効している「障害者の権利に関する条約」に対して，日本政府も2007年に署名し，条約の締結に必要な国内法の整備を進めてきたが，2014年1月21日に批准国となった。この条約の批准は，わが国の教育界だけでなく，福祉，労働などあらゆる領域において，障害のある者に対する差別を解消し，インクルーシブな環境の整備を強く推進していくことになるだろう。

　「障害者権利条約」では，障害者が他者と平等な生活をするために，必要かつ適切な調整や変更を行う「合理的配慮」を規定している。2013年6月「障害者差別解消法」が成立したが，この法律もそうした一連の流れを受けての動きであり，2016年からの施行が予定されている。

　ここでいう「合理的配慮」とは，文部科学省によれば，「障害者が他の者と平等にすべての人権及び基本的自由を享有し，又は行使することを確保するための必要かつ適当な変更および調整であって，特定の場合に起きて必要とされるものであり，かつ均衡を失した又は過度の負担を課さないものをいう。」と定義される。

　高等教育における発達障害を含むさまざまな障害のある学生への理解と対応

も，当然この理念のもとに展開される。入試選抜における受験上の配慮もその一つであり，その背景には，「個人が有する基本能力（essential function）が何らかの障害等によって発揮されにくい状況にある時，それをカバーする支援としての配慮を講ずることによって，本来の力を出し切らせることが公平である」（上野・立脇，2013）という考えがその根底にある。

諸外国では障害のある者に対する受験上の配慮についてはかなり先行しているが，その配慮内容の多様さと対象者の数において，わが国は大きく遅れをとっている。中でも障害種として，LD（learning disabilities：学習障害／その中核は読み障害（dyslexia）とされる）や ADHD（attention deficit hyperactivity disorder：注意欠陥多動性障害），ASD（autism spectrum disorders：自閉症スペクトラム障害／知的発達の遅れがない自閉症である高機能自閉症やアスペルガー症候群を含め ASD と呼ばれる）などの発達障害に対する対応は極めて遅れているのが現状である。

(2) 諸外国における障害者に対する受験上の配慮について

日本の大学入学者センター試験（以下「センター試験」と表記）と類似した試験として，米国では Scholastic Assessment Test（以下「SAT」と表記）と The American College Testing（以下「ACT」と表記）という2種類の試験が実施されている。英国では General Certificate of Education（教育修了資格試験 以下では「GCE」と表記）が知られている。これらの試験で行われている配慮を中心にみてみよう（上野・立脇，2013）。

両国で「受験上の配慮」が実施されてきた背景には，障害者の権利を守り，差別を禁止するさまざまな法律が存在する。試験実施機関は，これらの法律において負担が過剰すぎる場合を除いて障害者がテストに参加できるよう，合理的な配慮を行うことが義務づけられており，受験要綱でもこれらの法律との関連が明記されている。

両国の試験において実施されている受験上の主な配慮内容を，その種別ごとにまとめたものが表5-1である。これらの配慮内容には，現在，センター試験で発達障害のある志願者に対して実施されていない配慮もある。配慮内容のうち囲みをつけた項目がそれである。

多くの場合，配慮にはレベルが設定されている。例えば SAT や ACT では1.5倍の時間延長や拡大文字などの支援は全ての試験会場で受けることができ

表 5-1 受験上の配慮

配慮種別	配慮内容
出題方法	読み上げ
	PC 読み上げソフト
	簡単な表現への言い換え
	拡大文字・冊子の配布
	手話／点字
解答方法	口述回答
	PC／ワープロ
	計算機
特別な機器の使用	支援機器
時間・スケジュール	時間延長
	複数日
	休憩
試験環境	座席／別室
複数の配慮	

る。しかし，1.5 倍以上の時間延長，複数日受験，音声出題など，通常の会場で対応することが困難な支援については特別な会場のみで受験できる。また，英国の GCE では英語の辞書の持ち込みが許される場合もある。

センター試験と同様に障害ごとに受けられる受験上の配慮が定められているが，米国の SAT と ACT では障害の種類にかかわらず必要な受験上の配慮を申請することができる。

これにより，例えば弱視と LD（読み障害）など，障害が異なっていても，読みに困難のある者は同様の受験上の配慮を受けることができる。

1 回で全ての科目を受験しなくてもよいため，試験時間に関する制限が少ない。受験者は何度でも試験を受けることができ，最も良い得点を使用することができる。その結果，試験の公平性に関する考え方も日本とは大きく異なっている。

試験が，一定のレベル確認や資格基準を満たしているかどうかを確かめる「達成度型テスト」なのか，あるいは限られた定員を前提に順位付けをする「選抜型テスト」なのか，また試験内容が比較的やさしい問題を限られた時間内で解く「スピード型テスト」なのか，絶対的な解答能力が求められる「パワー型テスト」なのか等によっても，受験上の配慮についての適用基準は変化してくる。特に時間延長に対してはその議論が多くある。わが国での時間延長は，読みや書きに通常以上の時間がかかりやすい視覚障害と上肢の障害の人に限定されている。この点は，発達障害における時間延長でも，基本能力を考えるうえで参考にすべきであろう。

(3) わが国における障害者に対する受験上の配慮について

1990年から始まったセンター試験だけでなく，その前身である国立大学共通一次学力試験（1979年から1989年／以下「共通一次試験」と表記）でも障害者に対する受験上の配慮は実施されてきた。ただし，これらは障害種別でいえば視覚障害，聴覚障害，肢体不自由などの身体障害に対する措置であったし，欧米と比較すると受験者の数は極めて少ない。その理由としては，障害者に対する人権思想の遅れと同時に，欧米において半数近くを占める発達障害のあるものに対する受験上の措置がほとんどなかったことがあげられる。

高等教育における発達障害に対する認知度の低さは，日本学生支援機構が毎年1200以上もある大学，短大，高専に対して実施している障害のある学生調査でも明らかに見られる。

表5-2は，2005年から2012年の日本学生支援機構の報告書から，高等教育機関に在籍する障害学生および発達障害学生（診断書を有する者）の数と割合を一覧にしたものである（日本学生支援機構，2005～2013年の9年間のデータから作成）。

欧米の高等教育機関に在籍する障害のある学生の割合は1割を超えているという報告はよく目にするところであるが，この表を見てもわかるように，わが国における障害学生全体の修学率がきわめて低いことも事実である。全体の学生に占める障害学生の割合が，近年確実に微増してはいるが，それでも0.42％，つまり約240人に1人という割合であり，欧米とは完全に位数が一桁異なる。

ここで注意を要するのは，米国では障害学生の約半数近くが発達障害のある学生であるのに対して，わが国では障害学生全体の高等教育機関での就学率が低いだけではなく，発達障害のある学生は障害学生全体の16％程度にすぎないということである。しかも，医師の診断書を有したものに限っているので，教育用語といわれるLDのある学生は比較的少ない。

わが国における障害のある者への施策が，身体障害，知的障害を中心に行われてきた歴史は長く，発達障害が公的な教育統計として登場するのは発達障害者支援法が施行された翌年の2006年以降である。発達障害への理解と対応の環境が急速に整いつつはあるが，中学や高校段階での対応は小学校と比較すればまだ遅れており，高等教育はさらにその先にある。

こうした動向の中で，2010年度センター試験（2011年1月の実施／2011年

度入学者選抜試験）から，発達障害が，障害者の受験特別措置区分として加えられたことは，高等教育における発達障害への理解と対応にとっての意味は大きい。

　これらに先駆ける形として，発達障害に対する受験特別配慮の実施について最も早かったのは，1984年に開始された日本語能力試験（現在は，国際交流基金と日本国際教育支援協会の共催による，日本語を母語としない人の日本語能力を測定し認定する試験）であろう。

　この試験の受験者は，今日，全世界（60数か国）で約60万人前後あり，世界最大規模の日本語の試験である。障害者に対する受験上の配慮（受験特別措置）は1994年度にブラジルで実施した「運動障害受験者への冊子ページめくりのための介添人同伴受験」に始まり，発達障害（当初はLD等という障害区

年度	学生数 （大学・短期大学・高等専門学校）	障害学生数	発達障害学生数	発達障害学生内での構成 %			
		障害学生／全学生	発達障害学生／全障害学生	LD	ADHD	ASD	重複
2005	3,374,080	5,444					
		0.16%					
2006	3,071,844	4,937	127	13	20	94	
		0.16%	2.6%	10.2%	15.7%	74.0%	
2007	3,235,641	5,404	178	19	26	133	
		0.17%	3.3%	10.7%	14.6%	74.7%	
2008	3,180,181	6,235	299	31	49	219	
		0.20%	4.8%	10.4%	16.4%	73.2%	
2009	3,207,123	7,103	569	63	83	423	
		0.22%	8.0%	11.1%	14.6%	74.3%	
2010	3,241,567	8,810	1,064	81	140	843	
		0.27%	12.1%	7.6%	13.2%	79.2%	
2011	3,235,575	10,236	1,453	116	216	1,037	84
		0.32%	14.2%	8.0%	14.9%	71.4%	5.8%
2012	3,199,905	11,768	1,878	118	256	1,324	180
		0.37%	16.0%	6.3%	13.6%	70.5%	9.6%
2013	3,213,518	13,449	2,393	139	298	1,773	183
		0.42%	17.8%	5.8%	12.5%	74.1%	7.6%

（日本学生支援機構報告書（2006年〜2014年）から上野が作成）

分であったが，発達障害者支援法の成立，施行を受け，「発達障害」に改められた）についてもそのための特別委員が参加し，1996年に最初の適用例が記録されている（上野・大隅，2008）。

2 センター試験における発達障害のある者への受験上の配慮について

(1) センター試験における障害のある者に対する配慮の歴史

障害者に対する特別措置は，1978年に行われた共通一次試験の試行テストで検討され，翌年に実施された第1回の共通一次試験から「身体障害者受験特別措置」が導入されている。第1回の共通一次試験での特別措置にある「身体障害者」という名称からもわかるように，初期の特別措置では，当時の盲・聾・養護学校に在籍している身体障害のある受験者が対象であった。その後，1984年から申請後の事故による負傷等も認められた。

2009年に，センター試験の障害者受験特別措置委員会に発達障害に関する臨時委員会が新たに置かれ，翌2010年からは正式な委員会となった。その背景には，2004年の発達障害者支援法の成立（翌年施行）後，センター試験の障害者受験特別措置希望者に，さまざまな発達障害の志願者の増加が目立ってきたことが挙げられる。

そして，2010年度実施のセンター試験（2011年1月実施）において，初めて障害区分として発達障害が導入され，以来，発達障害の志願者数は増加するとともに，その特別措置の申請方法にも毎年のように改善が施され今日に至っている。

これまで国内の大学では，入試における障害者の受験上の配慮については「センター試験に準ずる」と受験案内に記載し，実施しているところが多かった（全国障害学生支援センター，2007）。このようにセンター試験は，国内の大学入試における障害者支援のスタンダードとみなされる性格ももっていた。

共通一次試験から現在のセンター試験における障害者受験特別措置の利用者数の推移をまとめたものが図5-1である。

この図を見ると，1979年から1999年までの20年間は，10年ごとにおよそ2倍に増加している。しかし，英語リスニング試験が開始され，その他の病

気の人が特別措置の対象となり始めた2006年以降，利用者数が急増している。このように特別措置の利用者数は，試験の様式や特別措置の対象の変更によって大きく左右されるようである。

(2) 発達障害のある者への受験特別措置の区分導入と波及効果

2010年5月に開催された2011年度入学者選抜試験実施検討委員会において発達障害の特別措置区分が認められ，ただちに受験案内（別冊）の作成と全国高等学校への周知が図られた。こうして最初の発達障害の特別措置は2011年1月のセンター試験（2011年度入学者選抜）から実施された。

障害学生全体の志願者が微増する中にあって，発達障害区分の志願者がほぼ予想通り，100人弱から始まって3年で1.5倍になっており今後の動向が注目される。発達障害の判断基準は数値化されるものではないので，選抜という試験形態の中では一般受験者に対して公平かつ公正性を担保するためにかなり丁寧で厳しい基準設定で開始された。

発達障害に固有の支援内容もあるが，当初，障害区分導入にあたっては他の障害で用いられている措置の中で使えるものについては積極的に取り入れると

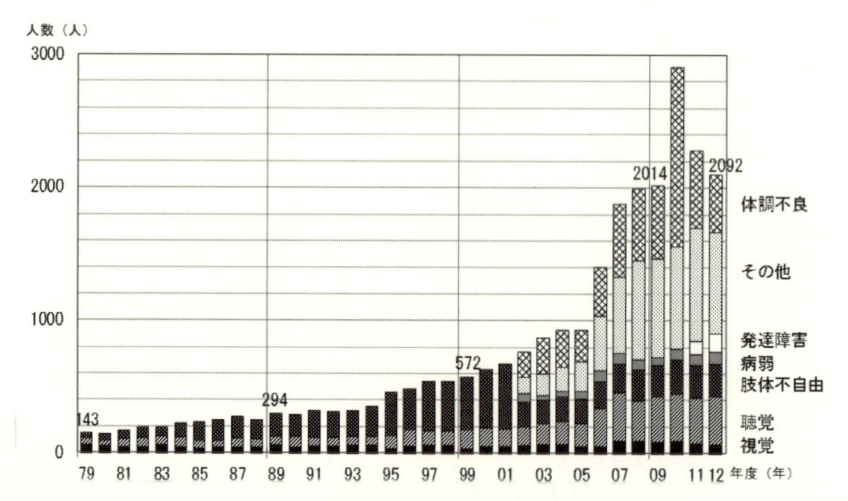

図5-1 共通一次試験・センター試験の受験特別措置の利用者数の推移
　　　大学入試センター年報（1979年度～2012年度）をもとに立脇が作成（上野・立脇，2013）

いう方針をとった。同時に、その措置が妥当であることを担保するために、本人の状態を正確に記した医師の診断書と日常の教育場面でどのように理解しどのように対応していたかを知るために教育関係者からの状況報告・意見書の提出を求めている。

特に、2007年から初等中等教育においては、特別支援教育体制の推進を各学校長の責務とした文書を通達しており、高等学校等で行った配慮についても「有」「無」を記載する欄を設けた。その際、個別の指導計画および、個別の支援教育計画については、「有」と回答した場合には、そのプログラムのコピーを可能な範囲で提出するように求めている。初年度（2010年度）における主要な措置事項は、読みに関する障害が認められる場合の「試験時間の延長」や「拡大文字問題冊子の配布」、マークシートを塗りつぶす代替措置としての「チェック解答」、環境調整としての「別室の設定」が、それ以外の要望事項は「その他」で記入することになった。

2011年度（2012年1月実施）においては主要な措置事項に、「注意事項等の文書による伝達」が付け加えられた。また個別の指導計画と教育支援計画については「有」と答えた場合には、必ずそのコピーを添付するよう強化された。さらに2012年度（2013年1月実施）からは、すべての障害特別措置志願者に対し、措置申請を従前よりも一カ月繰り上げ8月1日からとなり、9月5日（消印有効）までに申請のあったものについては、9月中に本人に結果が通知されることとなった。これまでの12月という措置決定は遅く、推薦入試や受験希望大学の決定のために、少しでも早く結果を伝えてほしいという志願者からの要望に応える変更である。

4年目の2013年度（2014年1月実施）では、「受験特別措置案内」という全体名称を「受験上の配慮案内（障害などのある方への配慮案内）」へと変更、最終結果の通知も12月から11月に繰り上げられた。

このようにセンター試験において2011年から実施された発達障害区分の導入はさまざまな変化としての波及効果を見せているが、現在われわれが考えている判断基準をまとめると次のようになる。

① 発達障害の特別措置に関しては、医師の信頼できる現症に関する診断書と具体的な状況報告・意見書の記載によって判断する。
② 特別措置においては ディスレクシア（読字障害／読み障害）等の、主として文字の読みに関するアクセス機能の障害を重視する。

③ 実行機能等の困難については，現在のセンター試験の内容や試験形態を十分に考慮し，特別措置については，具体的な措置の必要性のエヴィデンスを個々に慎重に判断することとする。
④ 時間延長以外の日常的かつ合理的な理由による措置はできるだけこれを認める。

こうした判断基準に則って認めた特別措置数の経年変化が図 5-2 である。

次に，センター試験が変わることによってどのような影響，つまり波及効果が起こりつつあるかにも言及しておく。

すでに述べたように，大学入試センターが採った導入の基本方針は，現症記述や心理・認知検査や行動評定等を含むしっかりとした医師の診断書を求めたことと，具体的な教育側からの状況報告書・意見書の提出を求めたことで，過去に具体的で妥当な教育的措置が実施されているとセンター試験においても同様の措置が行われやすいということである。

少なくともセンター試験における発達障害への対応は，高等学校や大学にもさまざまな変化を与えつつある。それらをまとめると次の3つになる（上野，

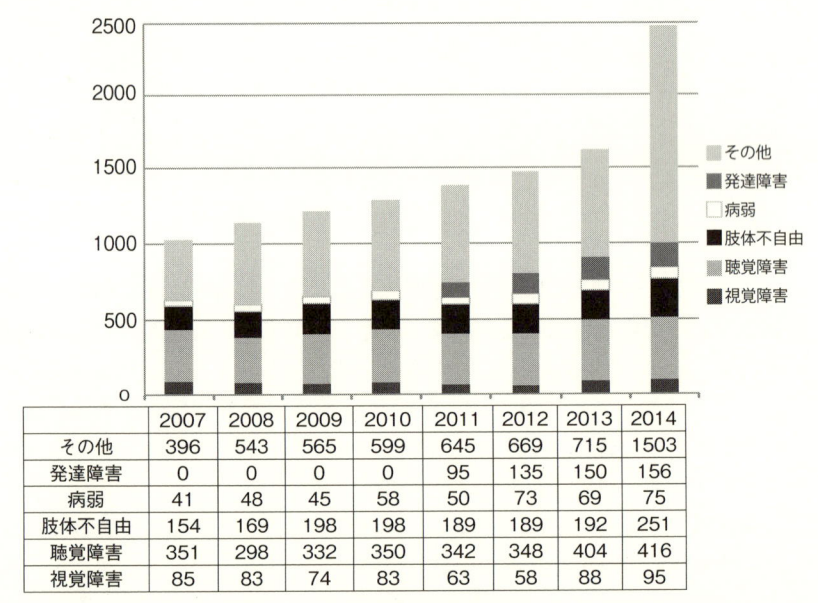

	2007	2008	2009	2010	2011	2012	2013	2014
その他	396	543	565	599	645	669	715	1503
発達障害	0	0	0	0	95	135	150	156
病弱	41	48	45	58	50	73	69	75
肢体不自由	154	169	198	198	189	189	192	251
聴覚障害	351	298	332	350	342	348	404	416
視覚障害	85	83	74	83	63	58	88	95

図 5-2　大学入試センター試験における障害学生の障害種別による志願者数の推移（大学入試センタープレス発表資料より上野が作成）

2010；上野・立脇，2012；2013）。
① 高等学校での発達障害への理解と対応がその前提となる。
② センター試験以外の二次試験などにおいて，各大学での特別措置対応がさらに求められる。
③ 選抜試験だけでなく，推薦入試やAO入試等によって入学を認めた発達障害のある入学者に対する教育的責務を大学側は負う。

　センター試験は高等教育の入口の一つである。発達障害者支援法の第8条にも「大学及び高等専門学校は，発達障害者の障害の状態に応じ，適切な教育上の配慮をするものとする」と規定されている。従って，発達障害のみならず障害のあるすべての学生に対する理解と対応は，国際的な障害者権利条約が批准された現在，わが国における火急の改善課題である。

　このことは特別支援教育についての高等学校側の一層の理解と対応が前提となるものであるとともに，センター試験を利用しない大学や二次試験などにおける各大学での発達障害に対する特別措置の広がりを求めることにもつながる。同時に，試験を課さないAO入試等の入学者のなかにも発達障害のある学生がかなりいることも予想されるところから，これらの入学させた学生に対して適切な教育支援を行う責務を大学自身が負うべきであることも十分自覚しなければならない。

(3) 残された課題

　発達障害は，障害としてはこれまで支援の対象外にあった新しい障害であり，見えにくい（invisible）障害ともいわれる。いいかえるとその障害状態は，障害のあるものとそうでないものとの中間に位置しており，いわば架橋的な存在であるともいえる。しかし，彼らが個性的存在であり，いかに中間的な存在であるとしても，支援を必要としていることに違いはない。

　日本学生支援機構が毎年実施している障害学生の実態調査でも，発達障害の場合，医者の診断書はもっていないが学生生活を維持するうえで支援が必要だと判断されたものは診断書を有する学生の2倍以上もいる（日本学生支援機構，2006, 2007, 2008, 2009, 2010, 2011, 2012, 2013, 2014）。そうした学生も含め，学生生活における具体的な支援とはどのようなものが必要であろうか。高等教育における発達障害のある学生に対する具体的な支援は，受験上の配慮と重複しなければ意味がない。

わが国の高等教育に，センター試験において発達障害区分が導入されたことは発達障害理解に大きな変化を与えたが，米国や英国の大学入試における特別措置と比較しての大きな相違は，LD などの中核にある読み障害に対する代読者などの人的サポートである。つまり経験のある代読者や代筆者の採用であるが，欧米では二親等以内の人や担任教師がその任にあたることは制限されており，これら質の高い人材を見つけることは必ずしも容易ではない。
　むしろ，今後実現性の高さからみて期待されるのは，読み上げソフトなどによる PC 等の利用ではないだろうか。ただし，ここでもさまざまな条件がつく。進歩の著しい ICT の世界で，使い慣れた PC を用いるためには，個人所有の PC 使用を認めることが現実的であるが，どのような使用制限とその監視体制，疑義が生じた場合のプロトコル処理体制など，検討・整備しなければならない事項は多い。
　何よりもこうした条件整備にあたっては，高等学校等における通常の授業や日常環境でのこれら機器の使用が十分に普及しなければ，選抜試験等，一般の志願者との公平性の担保が強く要求される試験の場合にはなかなか導入しにくい。つまりは入試だけではなく，日常的な環境内での普及がまず鍵を握るということである。
　ちなみに，先の日本学生支援機構の調査から，現行の全障害学生に対する授業の支援実施状況からその支援内容をみてみると以下の 23 種の支援項目がある。①点訳・墨訳，②教材のテキストデータ化，③教材の拡大，④ガイドヘルプ，⑤リーディングサービス，⑥手話通訳，⑦ノートテイク，⑧パソコンテイク，⑨ビデオ教材字幕付け，⑩チューターまたはティーチング・アシスタントの活用，⑪試験時間延長・別室受験，⑫解答方法配慮，⑬パソコンの使用持込使用許可，⑭注意事項等文書伝達，⑮使用教室配慮，⑯実技・実習配慮，⑰教室内座席配慮，⑱FM 補聴器・マイク使用，⑲専用机・イス・スペース確保，⑳読み上げソフト使用，㉑講義内容録音許可，㉒休憩室の確保。㉓その他（日本学生支援機構，2014）。
　今後，障害のある学生が身体障害系だけでなく，発達障害系の学生にも拡充されていくという予測のもとでの入試における障害のある者への受験上の配慮が本稿の主題であるが，その問題と深くかかわるのは初等中等教育における発達障害の理解と支援の実態であり，また高等教育における具体的授業などにおける支援の実態でもある。

特に試験時間の延長は，入試における公平・公正性を担保する上でさまざまな角度からの論証と慎重な判断を要する課題であることは間違いない。

センター試験においても，臨床診断名（たとえば自閉症スペクトラム障害）から認知処理速度の遅さを理由にした時間延長の請求もあるが，現在のところ，それらのエヴィデンスは展望研究でも確立した結果とはなっておらず，現症についての詳しい記述や過去の教育的措置等の有無によって慎重に判断せざるを得ない。こうした認知特性と基本能力の関係の研究をこれからの課題と見るのはこうした理由による。

最後に，パソコンの使用持込・使用許可，読み上げソフト使用について述べる。視覚障害，LD（読み障害）などの発達障害，上肢に麻痺があってページめくりが困難な肢体不自由等の場合，印刷媒体へのアクセス困難「print disabilities（印刷物困難）」という支援ニーズから見ての新しいカテゴリー名称がある。こうした print disabilities に対する有効な支援措置として，PC の導入と読み上げソフトの使用は喫緊の課題の一つである。

内外において，試験・授業において PC の導入，読み上げソフトの利用はすでに現実のものとなっている。ただセンター試験での措置としての導入を仮定する場合，いくつかの検討課題が存在する。

① 拡大文字問題冊子の配布の場合，通常冊子と併用できる形で配布するが，PC と読み上げソフト利用も同様に補助的支援手段であるという制限のある理解が前提となる。
② したがって，PC や読み上げソフトについては日常的かつ一般的に使用されている範囲内のものであって，それを超える読み上げ機能は原則として要求できない。
③ PC のスペックや読み上げソフトは一定範囲内での機能のものの持ち込み使用を原則とし，それが不可能な事態に限って，試験機関側の準備したものを使用させるという選択肢を残すべきである。
④ 通信機能の使用はもちろん認められないが，その他の機能（漢字変換や計算機能等）については，試験内容によって制限すべきかどうかについての十分な検討が必要になる。また読み上げ機能についても，その使用が一般受験者からみて公平・公正であることの確認が必要である。
⑤ これらの事前のルール理解時間の確保とルールの順守に違反の疑義が生じた場合，それを追認可能なプロトコル処理のできる体制準備も必要である。

センター試験での受験者側のアウトプットはマークシートの利用に限定されているが，一般の試験では，書き能力に困難を有する writing disabilities に対する文章作成や記述解答での PC 利用に関する配慮措置も必要になってくる。こうした PC 利用についての志願者側の配慮請求には正当性があるので，早急な検討と対応が重要課題であることを，障害者差別解消法が成立した今，「合理的配慮」としてただちに検討しなければならないことを改めて指摘しておこう。

［参考文献］

大学入試センター大学入学者選抜（2011-2013）．大学入試センター試験　受験特別措置案内（平成 23 年度〜平成 25 年度）

大学入試センター（2013）．大学入学者選抜　大学入試センター試験　受験上の配慮案内（平成 26 年度）

大学入試センター（1979-2012）．大学入試センター年報（1979 年度〜 2012 年度）

日本学生支援機構（2006-2014）．大学，短期大学及び高等専門学校における障害のある学生の修学支援に関する実態調査結果報告書（2005 年度〜 2012 年度）

上野一彦（2010）．高等学校における特別支援教育の動向 – 大学入試と「発達障害」の特別措置について　LD 研究, 19, 253-258.

上野一彦・大隅敦子（2008）．日本語能力試験における発達性ディスレクシア（読字障害）への特別措置．国際交流基金日本語教育紀要, 4, 157-167.

上野一彦・立脇洋介（2012）．発達障害者の大学入試をめぐって．大学入試研究ジャーナル, 22, 187-192.

上野一彦・立脇洋介（2013）．発達障害と特別措置に関する現状と課題．大学入試センター入学者選抜機構発達障害プロジェクト報告書　大学入試センター

全国障害学生支援センター（2007）．大学案内 2008 障害者版　全国障害学生支援センター

第 6 章

入学決定から大学入学までの準備

高橋　知音

1 事例：人文学部に入学したY君
――一人暮らしへの挑戦と挫折

　興味のある古代文明についての本を読み始めると，食事の時間も忘れてしまうほど集中して止まらなくなるY君は，一般入試で第一志望の大学に合格した。
　小学校入学後，授業中じっとしていられず，先生の指示を聞き漏らすことも多くクラスメートに促されて動く場面も多かった。整理整頓も苦手で，消しゴムや鉛筆といった文具はすぐになくしてしまう。提出物も締め切りに遅れ，先生に言われて慌てて探しても見つからないといったことがしばしばあった。それでも，のびのびと好きなことに打ち込んでほしいという両親の支えと，理解ある教員に恵まれてきたこともあって，高校まで大きなトラブルもなくやってきた。
　進学した大学まで，電車を乗り継いで片道90分程度。両親は自宅通学をすすめたが，一人暮らしにチャレンジしたいという本人の希望に加え，朝の授業に間に合うかが心配ということもあり，大学近くにアパートを借りることにした。
　しかし，大学生活が始まってみると，さまざまな事務手続きや提出物の管理，授業開始早々から出される課題に圧倒されてしまう。新しくできた友人からの誘いがあれば断らず，一人の時は本を読んだりインターネットをやったりして過ごし，就寝時間はどんどん遅くなっていった。前期の終わり頃には昼夜逆転の生活となり，新入生セミナーの授業にも欠席が続いたことから，新入生担当の教員から家族に連絡が行き，慌ててアパートを訪ねた両親は，ゴミ箱のよう

な状態の部屋の中で寝ているY君の姿を見て驚き，家に連れて帰った。

　夏休み中にアパートを引き払い，後期から自宅通学を始めることにした。当面は大学の授業にきちんと出席すること，課題をこなすことを目標に，生活面では家族に助けてもらうことにした。しかし専門の授業が増える2年生になったら再び一人暮らしができるようにしたいと家族に伝えた。家族で話し合った結果，半年かけて少しずつ生活管理を自分でできるように取り組んでいくことになった。

＊＊＊＊＊＊＊

　入学試験を受けて合格し，大学への入学許可が得られることは，人生における大きな成功体験の一つである。しかし，「入学許可」はバラ色の大学生活を保証するものではないし，卒業，就職を保証するものでもない。多くの学生にとって，入学は新たな挑戦のスタートである。大学という環境は，高校までのそれと大きく異なっていることから，障害の有無にかかわらず進学後につまずく学生は少なくない。特定の苦手分野を持つ，発達障害のある学生にとっては，障害のない学生以上に周到な準備が必要となる。

　本章では，高校生活から大学生活への移行段階に焦点をあて，どのような準備をすれば新しい環境への移行がスムーズに進むかについて説明する。移行期の大学側の対応については第7章に詳しく紹介されていることから，ここでは主に生活面での進学に向けての準備，そして，高校から大学への情報伝達に焦点をあてる。

2　大学生活準備性ピラミッド

　入学段階における大学への適応の難しさの要因の一つとして，学校環境の変化，生活環境の変化が同時に訪れることがあげられる。それぞれに対して，どの程度，適応していく力があるのかを見極めていくことは，移行期の支援を考える上で重要になる。その見極めにおいて，障がいのある人の就労支援の場面で用いられる「職業準備性」（相澤，2007）という概念は参考になる。これは，「簿記や溶接といった特定の職務遂行のための技能よりも，技能以前の基本的な労働習慣や職業以前の社会生活を遂行するための能力」のことを指す。具体的には，欠勤や遅刻をしない，休むときには会社に連絡するといった職場の基

本的ルールを含む基本的労働習慣や，健康管理，生活リズムの確立，社会生活能力などを含む。専門的な資格をもっていたとしても，これらが不十分であれば，職業生活を続けていくことが難しくなる。さらにそれらの前提として「働きたいという意欲」が必要であるとしている。相澤（2007）は，これを職業準備性ピラミッドにまとめている（図6-1）。

　より高度な段階になってくると，大学生活に必要なスキルとは異なってくるが，「対人技能・社会性」の段階までは，ほぼ，このまま大学生活への準備性評価に適用可能である。そこで，これを参考に，大学生活準備性ピラミッドを作成してみた（図6-2）。準備状態の前提として，まずは「大学で学びたい」という意欲があることが求められる。以下，それぞれの段階がうまくいかない場合の支援も含めて説明する。

(1) 心と体の健康管理

　発達障害では継続的な通院が必要なケースは少ないかもしれないが，安定した生活を送るために服薬が必要であれば，それをきちんと自分で管理できるかどうかは大学生活をやっていく上で重要な要素となる。また，精神疾患を念頭に置いた相澤（2007）のモデルではこの段階の具体的内容として病気の理解が含まれるが，それに対応するものとして，ここでは「障害の理解」をあげる。自身の障害の理解に関しては，試験で別室受験や試験時間延長などの合理的配慮を求めていく場合には，必要と考えた方がよいだろう。自分なりの工夫や，ちょっとした配慮があればやっていけるということであれば，あえて障害という概念を用いる必要はない。自分自身の得意，不得意という視点でうまくいかないことをとらえられれば，対処もしやすい。しかし，大学に変更・調整を求める場合，すなわち合理的配慮を求めていく場合，とりわけ成績評価に関する場面では，公平性の観点からなんらかの証明書類が必要となる。家族から大学へ，「本人には告知していないが配慮をお願いしたい」という形での配慮要請があっても，大学としては対応できない。家族は医師と相談しながら，告知のあり方を相談することになる。

　この段階に関わる主な支援者（支援機関）は医療機関である。継続的な服薬が必要な場合や，体調管理に医療が必要な場合で，自宅から離れた大学に進学し，ひとり暮らしを始める際には，大学近くの医療機関を主治医から紹介してもらうことになる。規模の大きな大学には保健センター（実際の名称はさまざ

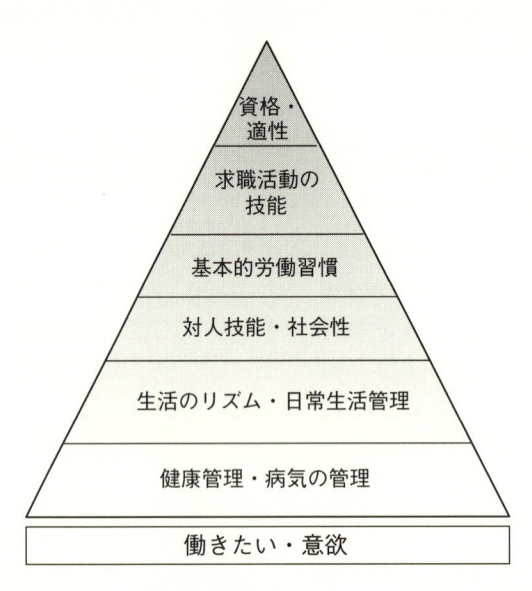

図6-1 職業準備性ピラミッド（相澤, 2007）

（ピラミッド上から下へ）
- 資格・適性
- 求職活動の技能
- 基本的労働習慣
- 対人技能・社会性
- 生活のリズム・日常生活管理
- 健康管理・病気の管理
- 働きたい・意欲

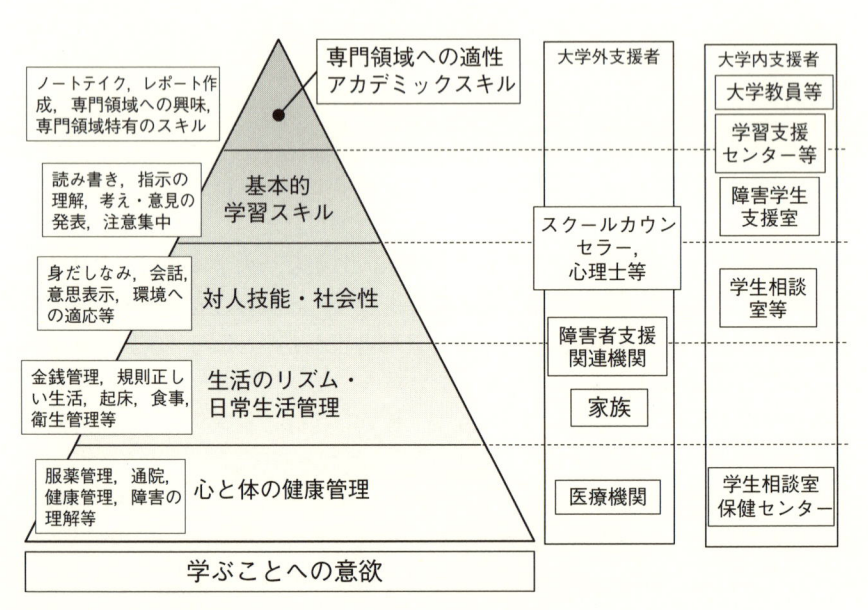

図6-2 大学生活準備性ピラミッド

ピラミッド（上から下へ）：
- 専門領域への適性　アカデミックスキル
  - ノートテイク，レポート作成，専門領域への興味，専門領域特有のスキル
- 基本的学習スキル
  - 読み書き，指示の理解，考え・意見の発表，注意集中
- 対人技能・社会性
  - 身だしなみ，会話，意思表示，環境への適応等
- 生活のリズム・日常生活管理
  - 金銭管理，規則正しい生活，起床，食事，衛生管理等
- 心と体の健康管理
  - 服薬管理，通院，健康管理，障害の理解等
- 学ぶことへの意欲

大学外支援者：
- 大学教員等（→大学内支援者側）
- スクールカウンセラー，心理士等
- 障害者支援関連機関
- 家族
- 医療機関

大学内支援者：
- 大学教員等
- 学習支援センター等
- 障害学生支援室
- 学生相談室等
- 学生相談室　保健センター

ま。本書11ページ，表1-1参照）があり，スタッフとして医師がいることも多い。ただし，本格的な医療機関ではないため，十分な医療的サービスが提供できない場合もある。高校時代までの主治医が大学の所在地近郊の医療機関について十分な情報をもっていない場合には，とりあえず大学の保健センターあてに紹介状を書いてもらい，大学の保健センターであらためて地域の医療機関を紹介してもらうという方法もある。

(2) 生活のリズム・日常生活管理

ここには金銭管理，規則正しい生活，食事，衛生管理等が含まれる。大学の支援部署では，これらについて，やり方の助言はしてくれても，実際の生活に密着した支援は提供しないのが普通である。生活介助は，診断があったとしても合理的配慮の範囲を超えると考えられている。これらの支援を継続的に提供できるのは家族ということになるが，地理的にどうしても家族による支援を受けながら通学することが困難な場合，大学近くの障害者相談機関に，必要な支援サービスを受けられる可能性があるか，相談してみるとよいだろう。

(3) 対人技能・社会性

周囲の人とうまくやっていく力，基本的なコミュニケーションのスキルは，職場でも学校でも重要である。しかし，大学ではそれをあまり必要としないという状況もあり得る。学部・学科にもよるが，大人数の講義形式の授業であれば，他の受講生とやり取りせずに単位が取れることもある。ホームルーム等もないため，少人数授業や，他の受講生との共同作業等が含まれる授業を履修しなければ，ほとんど他者とかかわらずに大学生活を続けることができる。そのような場合でも，学年が上がって少人数の授業が増えたり，研究室に所属するようになったりして，初めて困難に直面するということもある。こうした状況で問題が顕在化しなかったとしても，就職活動を始めると，面接がうまくいかずに就職活動で失敗が続き，はじめて相談に訪れるという例もある。

対人関係の問題は，学生相談でも扱っている。この段階で困難がある場合には，大学での支援を早期から利用できるようにするとよいだろう。

(4) 基本的学習スキル

職業準備性ピラミッドのモデルでは，すべての職業生活において必要となる

ようなビジネスマナーや出勤，指示の遂行などを含む基本的労働習慣という段階が設定されている。大学生活でこれに相当するものとして，読み書き，指示の理解，考え・意見の発表，注意集中などを含む，基本的学習スキルの段階を設定した。これらは，学部・専攻に関わりなく学習が成立するために必要なスキルである。発達障害に関連した苦手分野がここに重なるということも少なくないだろう。その場合は，合理的配慮の対象となる。障害学生支援室があり，発達障害も支援対象となっているなら，そこが支援の中心的役割を担うことになる。

(5) 専門領域への適性・アカデミックスキル

職業準備性ピラミッドの最後の段階は「資格・適性」で，その職業で求められるスキルと専門性をもって業務を遂行することができるかどうかが問われる。大学生活準備性ピラミッドでは，進学した学部・専攻での適性を設定した。基本的な学力が高くてもコミュニケーション能力が低くては医療職や教員を養成する学部でやっていけないだろうし，数学が苦手なら工学系の学部でやっていくことは難しいだろう。

また，大学独自の課題でつまずくケースもある。たとえば，論述形式の試験，資料を集めて自分の意見や考察をテーマに沿って文章にまとめるレポート，自らテーマを設定してまとめる卒業論文などである。これらは大学での学修に必要なスキルということで，アカデミックスキルと呼ばれることもある。出題範囲が決まっている高校時代の定期試験では高得点が取れても，自由度が高い大学独特の課題では，どうしていいかわからないという例も少なくない。

こうした大学独自の学習スキルや，専門領域に関わる学習に関する支援は，学習センター等が担っている場合が多い。大学によっては，アカデミックスキルを1年生向けの授業の中で指導したり，上級生がチューターとなり学習の相談に応じるようなサービスを提供したりしている場合もある。

3　ピラミッドの階層性と移行期に向けての準備

大学での学びを支えるスキルを，階層性をもたせてモデル化したが，より下位の段階の課題を克服しなければ次の段階に進めないというものではない。十分でない部分があっても，支援でそこを補いながら大学で学ぶことはできる。

むしろ，進路選択の際の手がかり，移行期にどのような支援が必要かを考え準備を進めるための手がかりと考えてほしい。たとえば，冒頭のY君のように(2)生活のリズム・日常生活管理について，家族の支援がなければやっていくのは困難ということであれば，一人暮らしは極力避けるという選択をせざるを得ない。しかし，自宅通学で進学が可能ということになれば，ここを家族が支援しながら大学生活を送ることは十分可能である。就労に向けて，あらためて直面しなければならない課題ではあるが，とりあえず進学段階ではこの問題には手をつけず，(4)基本的学習スキル，(5)専門領域への適性・アカデミックスキルの段階に関する課題に取り組むことに集中するというのは，現実的な対応である。大学での学習が軌道に乗ってきたところで，生活面の自立に向けて，少しずつ目標を設定して取り組んでいけばよい。

一方，どれだけ試験の成績が良くても，つまり(4)基本的学習スキルや(5)専門領域への適性・アカデミックスキルの段階をクリアできても，(1)心と体の健康管理，(2)生活のリズム・日常生活管理，(3)対人技能・社会性の段階で大きくつまずくようであれば，大学生活を維持することは困難になる。高校時代に家族が生活管理を全面的に支え，学校でも教師やクラスメートの理解があった場合などは，(1)心と体の健康管理，(2)生活のリズム・日常生活管理，(3)対人技能・社会性が大学進学後に課題になりうるという意識をもちにくい。そういったケースでは，大学入学後，わけもわからぬうちにうまくいかなくなり，支援を求めることもなく退学にいたることもある。

進学することを決めたら，また進学先が決まったら，入学までに少しでも獲得しておきたいスキルは何か，移行期にどの領域での支援が必要か，その支援はどこで得られるか，といったことを考える上で，この枠組みを参考にしてほしい。

(1) 「(2)生活のリズム・日常生活管理」における準備

大学進学が決まり，一人暮らしをすることが決まったら，まずは「(2)生活のリズム・日常生活管理」がどの程度できるか，考える必要がある。すでに述べたように，原則として大学は生活管理の支援はしない。家族が中心となり，高校時代までの支援者がいれば，その助言も受けながら進めていくことになる。

早期から診断がある場合において，親が子どものできないことを補う，できるだけ負担が少なくなるようにして勉強に集中できるようにするのは自然なこ

とである。しかし，大学進学を目指す，自宅通学ができない可能性が高いという状況があれば，できるだけ早い段階から，生活面において自分でできることを増やすことを心がける必要がある。

一人暮らしに必要なスキルの中には，自宅で練習できるものも少なくない。以下に具体的な課題をまとめてみたので参考にしてほしい。

・整理整頓
　→まずは自分の部屋を片付けてみる。
・スケジュール管理
　→手帳に予定や締め切り等を書く習慣をつける，もしくはスマートフォンやパソコンのスケジュール管理アプリを使う。
・金銭管理
　→小遣い帳をつけてみる。家計簿アプリ等を使ってみる。
・掃除，洗濯，料理
　→家族と一緒に家事（掃除，洗濯，料理）を実際にやってみる

(2) どのように準備に取り組むか

ここで挙げたような，生活面での準備は，いずれも「言われたから仕方なくやる」といった形では長続きしないだろう。高校生が，親から「片付けなさい」と言われ「うるさいな」と感じるのは自然な反応である。しかし，一人暮らしに必要なスキルの習得に，入学直後の環境の激変期に一人で取り組まなければならない状況を想像してほしい。移行期の混乱を少しでも減らすために，失敗が許される時期にこそこれらのことをやってみる必要があることを，本人が自分の問題としてとらえられるようにしたい。具体的には，高校での進路講演会や志望校のオープンキャンパスなど，進路に関するイベントに合わせて，できるだけ進学への具体的イメージがもてるタイミングで，どんな準備が必要かを考えてみるとよいだろう。

また，これらの準備に取り組む際には，最終目標に加え，達成可能なスモールステップを設定することが重要である。たとえば，整理整頓がまったくできない状況で，ただ「片付けなさい」と言われても，結局うまくいかずに失敗経験が重なるだけ，「どうせ自分にはできない」といった思いが残るだけになりかねない。

たとえば，部屋に大きめの箱を準備し，「勉強に関するものはとりあえずこ

の箱に入れる」「趣味に関するものはとりあえずこの箱に入れる」と決める。必要なものが見つからないとき，関連の箱の中を見れば見つかる可能性が高い。うまくいったという経験ができれば，それが続く可能性も高まる。いつも整理整頓できているとまではいかなかくても，物が散乱して床が見えないという状況からは大きな進歩となる。

　本人の得意・不得意もふまえて，大目標を達成するためにどのようなスモールステップを設定すれば一歩前進することができるか，家族で考えること自体がよい経験となる。なかなかよいアイディアが浮かばないときは，発達障害の支援に詳しい専門家の力も借りて，目標達成への道筋，準備の進め方を考えると良いだろう。

(3) 入学が近づいたら

　自宅通学なら生活管理はまったく心配ないというわけではない。入学に向けてまずは生活リズムを整えることが重要である。また，通学方法の確認もしておくとよいだろう。授業の開始時間は曜日によって異なる場合もあるだろうが，1時間目の授業に合わせて交通機関を乗り継ぐのに，どのくらいの時間がかかるか，混み具合はどうかなどを確認しておくと安心である。

　一人暮らし，もしくは寮生活の場合，すなわち親元を離れて暮らすなら，可能であれば少し早めに引っ越しをして，家族が協力して生活環境作りを行い，まずは新しい環境で生活してみる。生活に慣れるための時間が少しあるだけでも，余裕をもって入学直後のたいへんな時期にのぞむことができるはずである。

　一人暮らしを始めてみると，こんなこともやらなければならないのか，どうやったらいいのだろう，というような出来事にたびたび直面するはずである。以下にいくつか例をあげる。

- ごみはどこに，いつ出すのか。分別ルールの確認
- 金銭管理（家賃や光熱費などの支払い。自動振り込みにすれば間違いないだろう）
- 郵便物の管理（長期休みの時などはどうするか）

　また，一人暮らしでは危機管理についても考えておく必要がある。トラブルに巻き込まれないように，事故が起きないように，ふだんから注意すべき点について，紙に書いてはっておくといったことも必要になるだろう。

・戸締まり，カギの管理
・訪問販売の断り方やあやしい勧誘の見分け方
・病気になったときの対応
・災害時の対応

　一人暮らしに必要なことについて，すべてできるようになるまで待っている余裕はない。必要なスキルについてわかりやすくまとめられた書籍（たとえば『これが正解！　ひとり暮らしスタートブック』主婦の友社）も出版されているので，こういったものを手元に置いて参考にしつつ，困ったら家族に相談することで，少しずつ自分でできることを増やしていくようにするとよいだろう。

4　情報共有と情報管理

　高校から大学への移行期を無事に乗り切るカギは事前の準備であり，正しい情報をもつことがよい準備を進めるための必要条件になる。ここには，進学を希望する高校生や家族が大学についての情報をもつことと，大学が進学してくる新入生についての情報をもつということの2つが含まれる。特別なニーズのある学生に必要な配慮を行うために，大学としてその学生についての詳しい情報をもつに越したことはないが，情報管理は慎重に行う必要がある。

(1)　障害学生支援に関する情報公開

　2012年末にまとめられた「障がいのある学生の修学支援に関する検討会」の報告（第一次まとめ）（文部科学省，2012）で，大学が取り組むべき短期的課題として，「情報公開」があげられている。この中で各大学に求められているのは，受入れ姿勢・方針を明確に示すこと，入試における配慮の内容，大学構内のバリアフリーの状況，入学後の支援内容・支援体制（支援に関する窓口の設置状況，授業等における支援体制，教材の保障等），受入れ実績（入学者数，在学者数，卒業・修了者数，就職者数等）をホームページ等で公開することである。これらの情報は，発達障害のある高校生にとっても，大学選びにおいて必須の情報である。

　また，相談窓口を一つにまとめることや障害学生支援担当部署を設置することも求められている。大学は組織が大きく，どうしても部局ごと部署ごとの対

応になりがちである。しかし，相談する側としては，なかなか知りたい情報にたどりつけない，相談すべき人が誰かわからないという状況では困ってしまう。大学は，仮に十分に支援体制が整っていないとしても，とりあえずどこに相談したらよいのかについて，わかりやすい形で発信する必要がある。すぐに担当窓口を一本化できない場合には，最低限，以下の相談窓口がそれぞれどこにあるかをホームページ等において示してほしい。

・受験に関する相談（特に入試時の合理的配慮について）
・入学後に受けられる支援についての相談（受入方針や支援体制）
・合格決定後の相談（入学後の支援の中心となる部署はどこか）

(2) 説明会の開催

　第4章では富山大学の事例が紹介されているが，通常のオープンキャンパス以外に，障害のある進学希望者向けの説明会を開催するという取り組みは，今後，多くの大学に広がってほしい。その際は，大学の支援体制や支援内容に加え，学生の権利と責任についての説明も行うとよいだろう。第1章で述べた，特別支援教育と障害学生支援の違いを理解することは，とりわけ高校までよい支援を受けてきた人にとって，進学後に戸惑わないために必要なことである。

(3) 事例：理学部への入学が決まったX君に関する情報共有

　3月X日，合格発表の翌日，V大学の障害学生支援室に電話がかかってきた。合格した高校生X君の父親からで，「小学校時代に自閉症スペクトラム障害との診断を受けた息子の，入学後の支援について相談したい」とのことであった。X君の自宅も，通学している高校も大学に近いことから，電話を受けた障害学生支援室のコーディネーターは，支援に必要な情報を集めるために高校での支援者もまじえた支援会議を提案した。そこでは，生育歴，検査等を受けたことがあればその結果，これまで受けてきた支援，得意なこと苦手なことなどを知りたいということを伝えた。

　支援会議の提案を受け，父親は高校の特別支援コーディネーターに情報の伝え方を相談した。特別支援コーディネーターは，本人も加えた情報共有会議にしてはどうかと父親に提案し，その旨を大学の障害学生支援室にも伝え，了承を得た。

　X君の住む自治体では，発達障害の診断を受けると，支援ノートが渡され，

支援に必要な情報や経過が随時記録していけるようになっていた。X君の家族や主治医，これまで所属してきた学校では積極的にこれを活用し，中学校，高校と学校が変わるごとに情報を伝えるようにしてきた。そうした経緯もあり，入学段階から支援体制が作られることで，新しい環境になじむのに時間のかかるX君も，これまで大きな混乱を経験せずに学校生活を送ってきた。

　今回，特別支援コーディネーターは新しい試みを提案した。それは，支援ノートを材料にしながら，新たに大学での関係者向けのサポートブックを作ろうというものであった。X君は自身の診断についても知っていたし，それに関連して中学や高校で受けてきた特別な支援の内容も知っていた。しかし，あらためて自身の得意・不得意，心配や不安，うまくいかない場面での対処，特に配慮してほしいことなどをまとめることは，自分から支援を求めていく力をつけるためにも有効だろうと特別支援コーディネーターは考えた。

　情報共有会議には，X君と母親，高校から特別支援コーディネーターと担任，そして大学からは障害学生支援室コーディネーターに加え，理学部の1年生担当の教員が参加した。会議ではX君みずから，サポートブックをもとに自分について語ることができた。さらに，家族や高校側からの補足説明，質疑が行われ，大学側のスタッフもX君についての理解を深めることができた。障害学生支援室コーディネーターは，心配なことがあったら，コーディネーターか学部の1年生担当教員がまず話を聞くということを伝えた。また，大学での支援のあり方や，大学での障害学生支援の概要を説明した。障害に関する情報をどこまで開示するかについても話し合った。障害に関する情報を開示しないでも得られる支援，開示することによって得られる支援について紹介した。最後に，X君と障害学生支援室コーディネーターが入学前にもう一度会って相談の会をもつということを確認して，情報共有会議を閉じた。

　障害学生支援室では，学部の関係教員とも相談しながら，入学直後の時期の対応，その後の授業での配慮について具体的な支援計画を作成し，X君との次の相談に向けて準備を進めることにした。

(4) 高校から大学への情報伝達と本人の関与

　発達障害のある新入生がスムーズに大学生活に入っていけるように大学が準備を整えるためには，事前の情報が不可欠である。その際，X君の事例に示されているように，伝える情報について本人が関与しながらまとめることが理想

である。

　大学卒業後の自立を視野に入れたとき，自身の得意・不得意と，必要な配慮について周囲に説明できるスキル（セルフ・アドボカシー・スキル，自己権利擁護スキル，支援要請スキルなどと呼ばれる）は不可欠である。大学での障害学生支援の枠組みでは，自身の学ぶ権利についての意識をもち，それを守るために合理的配慮を求めていけるかどうかが問われる。

　文部科学省の報告書でも「合理的配慮の決定過程においては，（中略）権利の主体が学生本人にあることを踏まえ，学生本人の要望に基づいた調整を行うことが重要」で「学生本人の教育的ニーズと意思を可能な限り尊重」と述べられている（文部科学省，2012）。配慮が受けられるかどうかは，学生の「意志」と「要望」が重要であり，親や大学が「決めてくれるもの」ではない。

　しかし，いきなり自分で考えなさいと言われても，適切な判断ができるものではない。考えるプロセス自体も，支援を受けながら育てていくものである。その第一歩として，自身の得意・不得意について整理し，高校時代までに受けてきた支援についてふりかえることは貴重な体験となる。報告書でも「障害のため学生が単独で大学等との意思疎通を行うことが困難な場合があることなどにも留意し，（中略）意思表明のプロセスを支援すること」が求められている。

(5)　伝える情報をまとめる

　伝えるべき情報の具体例は事例の中でも紹介したが，どのようにそれをまとめていったらよいだろうか。近年，学校が変わる際にうまく情報が伝わらない場合があるといった課題に対応するために，自治体等で独自に情報を整理するためのしくみを作る例もみられる。東京都大田区ではチェック形式の項目を多く設定することによって，記入しやすさに配慮した「サポートブックかけはし」を作成している（図6-3）。家族が住んでいる自治体でこのような資料があれば活用し，なければ，この大田区のものなど，他の自治体のものを参考にしながら情報を整理するのに用いるとよいだろう。

　本人が関与しながら伝えるべき情報をまとめる取り組みとしては，障害者職業総合センター（2009）のナビゲーションブックの作成の仕方も参考になる。これは，障害のある人が，就労に向けて職場の関係者に自らの情報を伝え，配慮を依頼する際に用いるものである。具体的項目としては自身のセールスポイント，障害特性，力を発揮しやすい環境，職業上の課題，対処方法などがあげ

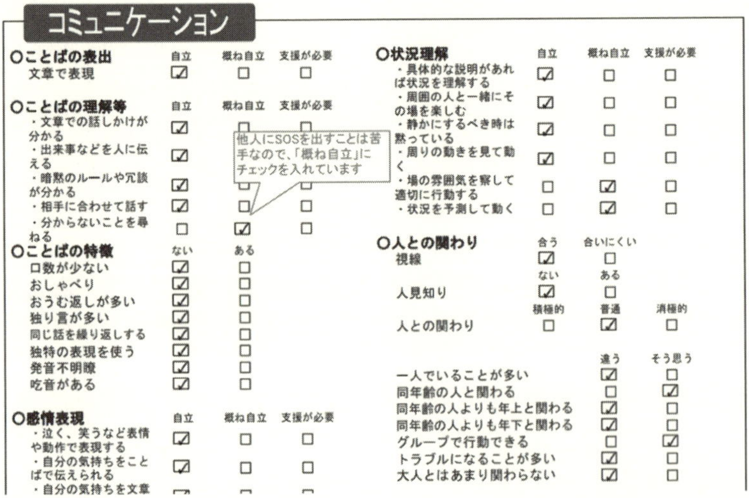

図6-3 東京都大田区が作成した「サポートブックかけはし」の一部分

られている。具体的な内容については作成者の意志を尊重し、自己理解を深めてもらう点にも重点がおかれているのが特徴である。ナビゲーションブックの作成方法や具体例は、ホームページからダウンロードできるようになっているので参考にしてほしい。

(6) 情報開示の範囲

　入学期の情報伝達の重要性についてまとめてきたが、なんでもかんでも情報共有すればうまくいくというわけではない。障害に関わる情報については共有の仕方や開示の範囲など、本人の意思を尊重しつつ、慎重に取り扱う必要がある。
　たとえば、とりあえず障害に関する情報は開示しないで、自分の力でどれだけできるかやってみるという選択肢もある。主に健康管理の問題が中心になるのであれば、保健センター等にのみ情報を伝えておくということも考えられる。一方、授業時に特別な配慮が必要であったり、試験での配慮を求めるのであれば、より広い範囲に情報を伝えなければならない。さらに、実験や実習の授業での配慮も必要になるということであれば、他の受講生や実習先への情報開示も必要になってくる場合がある。
　情報開示の範囲や方法は、学生の意思を尊重するのが基本である。その際、

情報開示によって,どのような支援が得られるのか,学生に判断材料を提供するのは大学の支援担当者の役割である。障害学生支援室があればその担当者が,学生と話し合って決めていくことになるだろう。情報を広く開示すれば,それだけ予期せぬ反応,場合によっては障害のある学生にとって望ましくないリアクションが他の学生や教職員から生じる可能性も否定はできない。そういった可能性も含めて,情報開示のあり方について考えること自体,大学卒業後の自立も見据え,学生にとっては貴重な体験になるだろう。

[参考文献]

相澤欽一(2007).現場で使える精神障害者雇用支援ハンドブック　金剛出版
文部科学省(2012).障がいのある学生の修学支援に関する検討会報告(第一次まとめ)
　　http://www.mext.go.jp/b_menu/houdou/24/12/1329295.htm
サポートブックかけはし　http://www.city.ota.tokyo.jp/seikatsu/kodomo/shien/hattatsusyougai/supportbook.html
主婦の友社(編)(2013).これが正解！　ひとり暮らしスタートブック　主婦の友社
障害者職業総合センター職業センター(2009).発達障害者のワークシステム・サポートプログラム　障害者支援マニュアルⅡ
　　http://www.nivr.jeed.or.jp/download/center/support04.pdf

第 7 章

発達障害のある大学生の入学直後の困難と支援

村山　光子

1　大学入学後に予想される困難

(1) 高校と大学の枠組みの違い

　高校生が晴れて大学に入学し，大学生活をスタートさせる4月。授業開始前に大学では様々なイベントやガイダンスが用意されている。クラス分けを行うためのアセスメントテスト，奨学金受給のための奨学金ガイダンス，クラブやサークル紹介を行うイベント，大学生活に必要な情報提供の場である新入生学生生活ガイダンス，健康診断，教職課程を希望すれば教職ガイダンス，そして最も重要といえる時間割作成に必要な履修登録を行うための履修ガイダンス等々である。名称の違いはあっても，基本的にどこの大学でも行われているガイダンスであり，いずれも高校生活のスタートとはかなり違ったものとなっている。非常に短期間のうちに立て続けにガイダンスやイベントが開催され（図7-1），その情報量はかなりのものになる。

　通常の学生たちでも混乱するこの時期，発達障害のある学生たちにとっては，さらに困難な場面に遭遇することも多い。例えば，ガイダンス会場はガイダンスの内容によって都度場所を変えて行われ，奨学金を受給するのに必要な書類は膨大

4月 1日(月)		全学アセスメントテスト
4月 2日(火)	AM	健康診断
4月 3日(水)	AM	新入生ガイダンス
	PM	学科別ガイダンス
4月 4日(木)	AM	入学式
	PM	学生生活ガイダンス
4月 5日(金)	AM	支援機構奨学金ガイダンス
	PM	教職ガイダンス
4月 6日(土)	AM	履修登録
4月 8日(月)	AM	交通安全講習会
	PM	課外活動説明会
4月10日(水)		授業開始

図7-1　入学直後の大学イベントスケジュール一例

第7章　発達障害のある大学生の入学直後の困難と支援

であり，提出までの期間はそれほど長いわけではない。大学への提出物は様々なものがあるが，提出物によって提出期限や提出先が異なる。さらに，ガイダンスの情報量は膨大であるために，十分に理解できない部分は質問しなければならないが，どの質問をどの部署へ聞きに行けばよいのか分からない場合もある。履修のことであれば教務課，奨学金のことであれば学生課，といったように多くの大学では取り扱う事柄によって部署は異なっている。このため，自分の分からないことをきちんと整理し，必要な情報を入手するためには，どの部署へ質問にいったらよいのか理解していないと，質問することさえままならない状況になる。

　また，高校まではある程度決められていた時間割も，大学ではガイダンスやシラバスなどの情報をもとに，一から自分で時間割を組み立てなければならない。必修科目，選択必修科目，選択科目，学部共通科目，全学共通科目，進級要件，卒業要件等々，高校では聞き慣れないこれらの言葉を理解し，履修モデルを参考にしたり，ガイダンスでの説明を思い出したりしながら履修科目を自分自身で決定していくことは容易なことではない。

　このように，大学生活が始まった途端に非常にハードルの高い事態が待ち受けている。入学直後，発達障害のある学生たちからよく聞かれる声には以下のようなものが多い。

① 多くの情報量に対して理解・整理が追いつかない。
② ガイダンス会場等，次々と移動しなければならず，混乱する。
③ 何をいつまでに手続きすればよいか分からない。分からないことを誰に相談すればよいか分からない。
④ 様々なことを自分で判断しなければならない。どう判断すればよいか分からない。
⑤ 毎日慣れない環境で体力・気力が追いつかない。

　高校生活との大きな違いは，高校では一般的にクラスが決まっており，担任の教師が存在し，時間割もある程度決められ，授業も通常は講義形式のものが多く，座席も決まっている。ある一定の構造化された中で学校生活を送ることができた。

　しかし，大学生活では自分で情報を集め，自分で判断し，分からないことが

あれば自分で質問し，理解しなければ事態は解決しない。高校生活に比べて格段に自由度の高くなった大学生活は，あくまでも主体的に行動していくことが求められている。高校生活の枠組みの中である程度適応できていた人が，大学生活の中で適応できなくなってしまうのはこのためである。

　大学授業開始後にも，この高校と大学での枠組みの違いで戸惑うことも多い。発達障害のある学生たちが難しいと感じ，よく相談があるのは以下のような場面である。

① 急な教室変更に対応できない。
② クラスに馴染めない。クラスのメンバーとどのように関わったらよいのかわからない。
③ 大学の授業運営に対応できない。
　（ア）大人数教室で集中できない。
　（イ）グループワークに対応できない。
　（ウ）90分間の授業に耐えられない。集中が続かない。
　（エ）ノートを取ることができない。授業のスピードについていけない。
　（オ）間の悪い質問をしてしまう。いつ質問すればよいのかわからない。
　（カ）課題提出ができない。期限に遅れてしまう。
④ 必要以上に詰め込んだ時間割に体力・気力が続かない。
⑤ 空き時間に何をしたらよいかわからない。

　発達障害のある学生が，スムーズに大学生活を始めるためには，まず高校と大学での枠組みの違いを理解し，どの程度まで自分自身で解決でき，難しい状況であれば誰に支援を求めると解決できるのかを事前に整理しておくと，気持ちに余裕も生まれ，十分な準備をして大学生活のスタートを切ることが可能となるであろう。

(2) **大学入学時に必要なスキル**

　これまで述べてきたような状況に対して，発達障害のある学生たちにどのようなスキルがあると慣れない大学生活に対応でき，よりスムーズに大学生活を送ることができるようになるのであろうか。入学直後，大学生活を始めるにあたって必要な主なスキルは以下のようになる（図7-2）。

まず、「キャンパススキル」と呼ばれるようなスキルである。ガイダンスも終わり、何とか時間割の作成も終わって授業が開始となり、大学生活がスタートするとまずは、とにかく授業にきちんと参加することが重要となる。そのためには「授業ルールの理解」が必要である。大学の授業

必要なスキル	主なテーマ
キャンパススキル	授業ルールの理解 事務手続きの理解 居場所作り
スタディスキル	勉強全般の仕方
生活管理スキル	時間管理 整理整頓の方法 健康（身体・精神）管理
人間関係構築スキル（学内）	友人関係（友人，先輩） 教職員との関係
自己理解スキル	自己理解
支援要請スキル	ハンディキャップの理解
自己マネージメントスキル	危機管理 金銭管理

(明星大学STARTプログラム，2013)

図7-2　入学直後に必要な主なスキル

には様々なタイプのものがある。例えば，講義形式，グループワーク（アクティブ・ラーニング），実験実習形式等々があり，それぞれのスタイルに合わせた授業参加が必要になることを理解しなければならない。また，毎回のリアクションペーパーの提出が授業参加の確認であったり，課題が定期的に求められ，授業出席と同様に課題提出が成績に大きく影響する授業もあるだろう。ノートを取る，分からないことがあれば適切なタイミングで質問するといった基本的なことなど，様々な大学の授業ルールを理解しなければならない。

　さらに，大学生活では自分で種々の事務手続きを行う必要がある。その際，履修をはじめとする必要最低限の手続きを期日までに行うこと，さらに状況に応じて個々に必要な手続き（個別に申し込む奨学金，バイク通学など希望者のみが必要とする手続きを行う等）を行えるようになることは，とても重要である。また，大学生活では，高校生活に比べて授業間の休み時間が意外と多い。この休み時間を上手く使えるようになることは，授業にきちんと出席するためにも大切なことである。大学の授業は90分と高校の授業に比べて長く，授業参加のための準備が必要な場合も多い。このため，リフレッシュするためには，どの場所が心地よいのか，授業の準備をするには図書館をどのように活用するのか，といった休み時間の有効活用は大切なスキルである。

　次に「スタディスキル」は，一般的な授業全般の取り組み方法である。授業において90分間落ち着いて授業を受け，ノートを取ること，さらに理解でき

ない場合には，教員へどのように質問したらよいのか，質問をする時間がない場合にはどのように対応するのか，といったスキルである。大学によっては，教員は「オフィスアワー」といった時間を設定し，その時間であれば十分時間を取って質問することが可能である。基礎的な授業内容で復習の勉強をしたい場合などは「補習授業」や「リメディアル（補習）授業」等を運営している大学もあり，授業理解のために，どのように勉強を進めていくのがよいのかを自分自身で十分理解しておくことは，4年間の大学生活では不可欠なスキルになるであろう。

さらに，大学入学直後に必要な「生活管理スキル」には，おもに3つある。

まず初めは，時間管理である。基本的には大学の時間割に沿って生活していくが，偏りなく，無理のない生活全般のスケジュールを実行していくことは重要である。高校生活の最後の春休みに昼夜逆転しているような生活をし，そのまま大学生活が始まってしまい，中には入学早々遅刻が多い学生などがいる。こうしたことがないように，入学当初はとくに少し余裕をもった生活スケジュールが必要である。さらに，大学生活が進むと，レポートや課題の提出，期末試験以外にも小テストの実施など，授業後の時間の使い方，スケジューリングが必要になってくる。学生によっては，課外活動に参加したり，アルバイトを始める学生もいるだろう。こうした活動について，何をどのぐらい時間をかければよいのか見通しを立てるスキルも同時に必要になる。発達障害の一つの特性にもある見通しを立てることの苦手さは，活動範囲の広がる大学生活の中では，優先順位の付けづらさや見通しの甘さから，課題提出が間に合わない，レポート提出を忘れてしまった，といった事態をしばしば引き起こす。このため，時間管理スキルは「生活管理スキル」の中でもとりわけ基本的であり重要なスキルの一つとして挙げられる。

この他に「生活管理スキル」として，整理整頓の方法，健康管理などが挙げられる。整理整頓の方法は，授業数の多い大学の授業で，そのたびに配布される資料やレジュメの整理，ノートの整理の方法である。鞄の中になんでも詰め込み，1週間分の荷物を毎日持ち歩いているような学生を多く見かける。とりあえず，配布された資料やレジュメを保存はしているが，必要なときに取り出せないでいる状態では，全く意味がない。このため，自分の分かりやすい方法で見やすくまとめておけるようになる必要がある。卒業研究や卒業論文の文献等，多くの資料を扱わなければならない場面で必要になってくるスキルである。

また，健康管理のスキルは，発達障害のある学生だけが必要なスキルではないが，環境の大きく変化する大学入学直後は，ストレス耐性の低い発達障害のある学生にとって，とてもつらい時期となってしまう。このため，上手にストレスをコントロールし（ストレスマネジメント），メリハリをつけた生活管理が必要となる。授業に集中した分，自分の好きなことに取り組める時間を確保する。しかし，夜更かしなどして次の日に影響が出ることがないように時間管理を行う。体調が少しでも悪いな，と感じたら早めに休む，自分の体調に気遣い，体調を整える術を知っている。こうした生活管理は大学入学直後だけでなく，大学生活4年間にわたって，必要かつ重要なスキルとなってくるだろう。

この他にも「人間関係構築スキル」「自己理解スキル」「支援要請スキル」「自己マネージメントスキル」といったスキルが大学入学直後に必要と言える。

「人間関係構築スキル」は高校生活よりも，活動範囲が徐々に広がる大学生活の中で必要とされるものである。大学内といえども，大学の友人関係，担当教員，部活・サークルの先輩やOB，OGとの関わり，事務手続きや相談にのってもらう大学職員，その他にも授業によっては，フィールドワークなどを行う際に，近隣住民や企業の人と交流する場面などもある。このように格段に広がる人間関係の中で，どのように振る舞うのか，どのように関わる必要があるのかを見極める必要が出てくる。「自己理解スキル」「支援要請スキル」は，自分自身を理解し，自分の得手不得手を見極めることによって，どの場面で誰に支援を求めたらよいのか，といったスキルである。自分のハンディキャップを理解することで，必要な場面で必要な支援を受けることができる。

「自己理解スキル」「支援要請スキル」は，大学入学直後のみならず，大学卒業後，生涯にわたって必要なスキルと言える。それだけに，少しずつ自分を理解し，どのようなハンディキャップがあるのかを整理していくことは，とても重要である。

最後の「自己マネージメントスキル」は，入学直後では，主に危機管理と金銭管理である。大学のガイダンス時でもたびたび注意喚起を行うが，大学生になり，活動範囲が広がることで身の回りの危険なものとの接触の機会が増える。カルト宗教の勧誘や，大学生を狙った詐欺，違法薬物など，通常の学生でも知らず知らずのうちに誤って接触してしまうケースもある。発達障害のある学生は，情報を上手く整理できなかったり，親切そうに振る舞う相手の言うことを鵜呑みにしていしまい，犯罪に巻き込まれてしまうケース，あるいは知らず知

らずのうちに加害者になってしまうケースなどもあり得る。こうした，身の回りにある危険を知ること，そしてそれらを上手に回避する方法を身につけなければならない。金銭管理については，高校生の頃に比べると通常持ち歩くお金が多くなったり，アルバイトによる収入などで一時的に多額のお金を所持することなどあるが，そうした際に，適切なお金の使い方，管理の方法を身につけておくことは，自己マネージメントとして必要なスキルとなるだろう。

2　大学に必要な支援体制

(1) 大学内にあるリソース

これまで述べてきたようなスキルが初めから備わっていれば，順調な大学生活がある程度始められるであろう。しかし，発達障害のある学生がみな，こうしたスキルを持ち合わせて大学に入学してきているわけではない。では，順調な大学生活を送るにあたって，大学は発達障害のある学生にどのような支援体制を整備しなければならないのであろうか。そのために活用できる学内のリソースとはどのようなものがあるのだろうか。

大学は，個々の業務に応じて事務体制が整備されている。大学ごとにその呼び名が変わるが，おおよそ教学系，管理系に分けられ，学生生活を送る上で関わることの多い部署は教学系になる。上述の入学直後に必要なスキルを支援する部署，学内リソースをまとめると図7-3のようになる。

学生サポートセンター（学生課，学生支援センター等の呼び名がある）は，主に大学生活を送る上での事務手続きや奨学金の手続き，大学によっては個別の相談に応じた

必要なスキル	主なテーマ	学内のリソース
キャンパススキル	授業ルールの理解 事務手続きの理解 居場所作り	学生サポートセンター／教務課／学部支援室／健康センター
スタディスキル	勉強全般の仕方	教員／学部事務室／リメディアル（補習）授業
生活管理スキル	時間管理 整理整頓の方法 健康（身体・精神）管理	学生サポートセンター／健康センター（保健管理室・学生相談室）
人間関係構築スキル（学内）	友人関係 教職員との関係	学生サポートセンター／学部事務室
自己理解スキル	自己理解	学生相談室
支援要請スキル	ハンディキャップの理解	学生サポートセンター／学生相談室
自己マネージメント	危機管理	学生サポートセンター

図7-3　学内で活用すべきリソース例

り，教員への橋渡しなどを行っている。大学生活で困ったことがあったら，まずこうした部署に相談に行くことが多いであろう。大学としては，学生サポートセンター等の部署が学生情報の一元管理や大学内のコーディネーター的な役割を担う部署となることで，大学支援全般の質的向上を図ることができる。学生がどこに質問に行ったらよいのかわからないときに「まずは，学生サポートセンターに相談してみよう」と思えるような広報，学生への周知の必要がある。

　教務課は主に学生の履修相談，成績質問等，多くの大学で授業にまつわる事務を執り行う部署となっている。授業の変更や，シラバス（授業計画，課題，成績評価の方法や基準などをまとめたもの）だけでは分かりにくい授業の概要，必要な手続きも教務課が行う場合が多い。大学生活の中心となる授業について管轄している部署のため，多くの学生が学生生活の中で，一度は足を運ぶ部署だろう。学生サポートセンターや教員との連携で，発達障害のある学生がより授業に参加しやすい支援体制を整備することが可能となる。

　健康センター，学生相談室，保健管理室は，大学生の心身の健康をサポートする部署である。大学によって保健管理室や学生相談室は独立した部署になっていたり，学生サポートセンターの管轄であったり，保健管理室と学生相談室が総合健康センターと称して一つの部署であったりする。発達障害のある学生の個別サポートは学生相談室で行っているケースも多い。臨床心理士がカウンセリングを行ってサポートしたり，学生相談室が自助会のようなグループ活動をサポートしているケースもある。学生相談室でのカウンセリングの内容が個人情報であるため，学内で共有できないといったことが課題であるとする大学が多い。今後，学内の支援体制を構築していく際に，こうした個人情報の取扱いをどのようにしていくかがひとつのポイントとなっていくであろう。

　この他に，学部ごとに学部事務室（学部支援室，学部室等の呼び方がある）で学生支援を行っているケースがある。学部ごとの事務室で支援を行う際には，学部独自のルールや体制によって，よりきめ細やかに支援できるケースもある。学部ごとに支援を行う際には，学生サポートセンターや教務課，学生相談室等といかに情報共有し，支援体制を整備していくかが課題となっていく。

　この他，図7-3以外にも，障害学生支援室やボランティアセンターといった部署のリソースがある大学もあるだろう。さらに，学生生活の場面では，例えば留学を希望するのであれば国際教育センターのような部署，教職を希望すれば教職センターといった，場面に応じたいくつかの部署との情報共有や連携が

必要となってくる。その際，どの部署が中心となって情報を収集し，整理し，コーディネートをしていくのか学内で検討しておく必要があるだろう。支援を必要とする学生にとっては，どの部署で支援要請したらよいのか分からない場合には，まず最初にどの部署に相談に行くとよいのか，予め調べておくことが必要である。

このように，大学では業務によって部署が異なり，積極的な情報共有が行われていない場合もある。発達障害のある学生を大学として支援していくためには，ひとつの部署のみならず，多数の部署が連携し，情報を共有していくことではじめて，学生のニーズにあった支援が可能となる。

(2) 大学全体で支える仕組みづくり

では，具体的に大学全体で学生を支える仕組みとは，どのようなものが適切であろうか。大学ごとにそれぞれ特色もあり，学生数，学部の構成によって様々あるが，一例として提示したい（図7-4）。

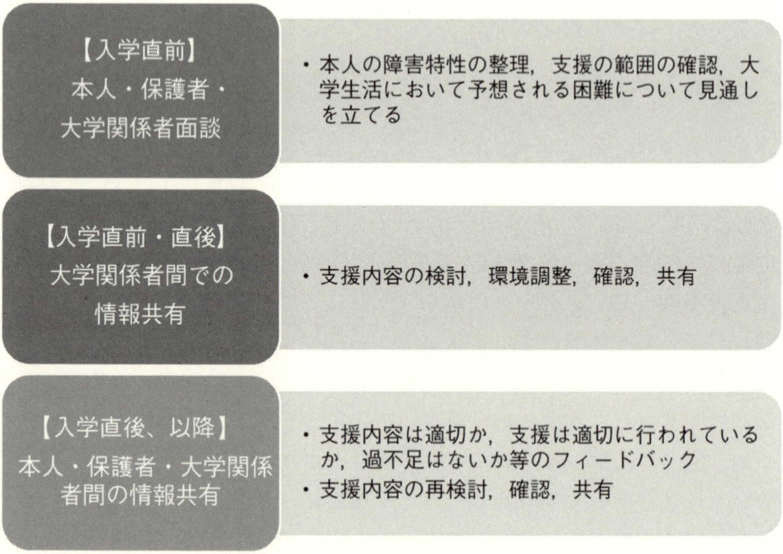

【入学直前】 本人・保護者・ 大学関係者面談	・本人の障害特性の整理，支援の範囲の確認，大学生活において予想される困難について見通しを立てる
【入学直前・直後】 大学関係者間での 情報共有	・支援内容の検討，環境調整，確認，共有
【入学直後、以降】 本人・保護者・大学関係者間の情報共有	・支援内容は適切か，支援は適切に行われているか，過不足はないか等のフィードバック ・支援内容の再検討，確認，共有

図7-4　大学生活における支援の時期とその内容

第7章　発達障害のある大学生の入学直後の困難と支援

① 大学入学直前

　入学予定者および保護者が本人の障害について，大学に告知し支援要請があった場合，高校までの支援内容の整理，本人の障害特性等のヒアリングを行う。ヒアリングには状況に応じて，入学予定の学部・学科の教員，学生サポートセンター，学部支援室，ボランティアセンター等の事務職員，カウンセラーが参加する。本人および保護者からのニーズについてヒアリングを行うとともに，大学として支援可能な範囲について提示する。

　大学生活をスタートするにあたって，障害特性から予想される困難について見通しを立て，整理する。

② 大学入学直前・直後

　①のヒアリングをもとに，大学としての支援の具体的な範囲について検討する。どの程度配慮すべきか，対応可能な範囲はどこまでか，誰がどこまで支援していくのか等，大学としての合理的配慮の範囲について決定する。また，それらが現実的に運用可能かどうかを関連する教職員，部署への確認を行い情報共有する。

③ 大学入学直後，以降

　支援を実際に行い，過不足がないか，ニーズに沿った形の支援が行われているか等のチェックを行う。当該学生だけではなく，実際に支援にあたっている教職員より情報を収集し，それらについて再検討の必要な場合には支援の見直し，修正を行い，再度当該学生，保護者へのフィードバックを行い，学内関係者間での情報共有を行う。

　③以降，当該学生が大学生活を継続していく上で，問題が発生すれば都度支援内容の見直しを図り，適宜修正を加えていく。こうした支援のPDCAサイクルを回しながら，障害特性に応じた支援のカスタマイズが必要となってくるだろう。ただし，大学の置かれている状況や事情により支援の範囲は現状では統一的ではなく，合理的配慮の枠組みを逸脱しないことが前提となっている。

　発達障害のある学生の状況は，その障害特性から画一的に対応するのは難しく，複数の教職員，関連部署間での連携と，学生個々の障害への理解と工夫が必要となってくる。大学に多くの発達障害のある学生が入学して来るように

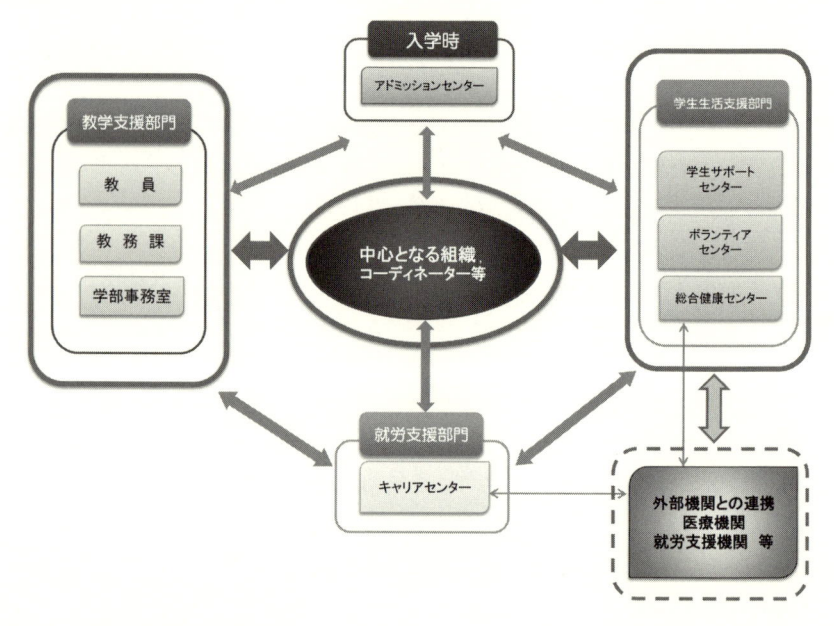

図7-5 大学で必要な支援体制

なった昨今の状況では，個人での対応には限界があり，先に紹介した大学のリソースを活用した，大学全体としての支援体制の構築が急務となっている。このため，図7-4で紹介した支援を動かす組織が必要となってくる。それを図7-5に示した。

　入学直前から直後，そして大学4年間を送るにあたっては様々な教職員，関係部署との協働が必要となってくる。その際，重要な役割を担うのがコーディネーター的な役割を担う部署，あるいは組織である。この組織は，基本的なヒアリングのセッティングから，その学生に関連のある部署はどこか，対応にあたる部署はどこが適切か，どういった部署が情報共有すべきか等を判断することから始まり，支援の必要範囲，支援の見直し，当該学生や保護者へのフィードバック，情報を蓄積し，適切なリソースを配分することなどを行わなければならない。こうした役割を担うのは，大学の状況に応じて，障害学生支援室や学生サポートセンターのような部署，あるいは教職員が参画する障害学生支援委員会等の委員会組織などがある。

いずれにしても，支援の中心的な役割を担う組織が必要となり，大学として，その組織のもつ役割や位置づけについて検討していくことが求められ，今後その重要性は増してくるだろう。

3 早期支援の必要性と大学の支援体制

ここでは，これまで筆者自身が関わってきた学生たちのうち，入学前後の学生情報や早期の支援の有無で，その後学生生活がどのように違っているのかを，事例を元に考えてみたい。

(1) 事例① 自己理解が十分でないA君の大学生活

理工学部に入学したA君との出会いは，入学直後のガイダンスであった。入学前の事前相談や保護者，高校側からの情報提供はなく，入学直後の新入生ガイダンスの際のA君の行動が気になり声がけを行った学生である。

A君はガイダンスの際，落ち着いて話を聞いていたものの，気になることがあると挙手をして質問し，しばしばガイダンスを中断せざるを得ない状況であった。アシスタントとして手伝ってもらっていた上級生の学生にA君のそばについてもらい，書類の書き方などを個別にみてもらうことにした。

上述のように，事前の相談や情報提供がないものの，このままでは授業や大学生活で困ることになるに違いないと思い，その日のうちにA君を呼び出して，面談を実施した。

A君に話を聞いてみると，本人曰く，高校までは順調で良い友人にも恵まれ，特段困ったことはなかったという。ただ，時々「上手くいかないな」「集団行動は苦手だな」と思う程度で，カウンセリングを受けたり，医療機関にかかったこともなく，普通に学校生活を送ってきたとのことであった。

その後，保護者に連絡を入れたが，母親はすでに他界し，父親と電話で話をし，大学の様子を伝え，今後大学で起こりうる困難について話をした。しかし，父親から話を聞いても「学校では問題になったことはない」「家庭でも落ち着いて生活している」とのことで，父親に問題意識はなかった。むしろ，A君には2人の弟がいて，その弟が不登校，引きこもりとなっていることが問題であり，「大学に入学したAは良くやっている」という認識で，特段の支援は必要ないとのことであった。

本人に困り感がなく，保護者も同様の認識であったため，しばらく見守ることとしたが，授業開始後，所在ない様子のA君が一人で学内にいるのをよく見かけた。
　授業開始数ヶ月後，彼の所属する学部の教員から「A君はグループワークに参加できない」「レポートの提出がいつも遅れている」という情報が入った。A君は理工学部に所属しているため，1年生から実験の授業やグループで発表する授業が必修にあり，それに参加できていないという。また，レポートの内容もとんちんかんで，教員の指示した内容や提出日時が理解できていないのではないか，とのことであった。こうした状況について，A君と再び面談を行ったが，A君自身は特に困った様子もなく「これから頑張ります」「今後気をつけます」「特に支援は必要ありません」と頑なな態度であった。
　A君は結局，こういった授業の単位を取ることができず留年することとなった。留年した後，再度面談し「なぜこうなってしまったのか」「今後どうしたら良いのか」ということを話し合った。「留年」という大学生活において危機的な場面に遭遇し，やっとA君は現実に向き合おうとしていた。A君の入学後の大学生活を聞いてみると「アルバイトの面接に行っても，何度も落とされた」「授業のノートを取ることが難しかった」「サークルは漫画研究会に入ったけど，ほとんど活動に参加できていない」といった様子だったが，こういったことは「周りが悪いんだ」「自分はちゃんとやっている」という認識だった。
　しかし，「留年」という現実に直面することで「自分には苦手なことがある」「自分の認識と周りの認識にはズレがある」ということに着目できるようになっていった。面談を繰り返すうちに「誰にでも苦手なことと得意なことがある」「苦手なことがあることは，恥ずかしいことではない」「必要なときに必要な支援を受けることで，大学生活を有意義に過ごすことができる」と考えられるようになった。
　発達の偏りがあると思われるA君がこの先，大学生活を送る上で進級，卒業研究，就職活動等，まだまだ困難が続くことが予想される。しかし，「留年」というこれまでにないインパクトが自分自身を見直す契機となり，新たな一歩を踏み出すきっかけになった。

(2)　事例②　事前準備によりスムーズにスタートを切ったB君

　広汎性発達障害の診断をもつB君は，入学が決まった直後に「支援が必要

第7章　発達障害のある大学生の入学直後の困難と支援

とのことで保護者の方が大学に支援要請をされてきた。早速，大学では当該学生が所属する学部の教員，関連部署（学生サポートセンター，教務課，学部事務室等）と当該学生，保護者とで面談を行い，高校までに受けてきた支援内容，大学へ求める支援について情報を整理し，大学で対応可能なもの，不可能なものについて提示を行った。例えば，高校までは重要な「お知らせ」は毎回担任の教師がプリントで家庭に配布していたとのことだったが，大学ではこうした対応は不可能なため，必要な情報は携帯電話で大学のホームページにアクセスし情報収集できること，毎朝大学に登校した際には必ず指定の掲示板をチェックし，情報収集のモレがないよう確認箇所，確認事項について整理した。B君自身も自分の苦手なことを理解しているので，大学生活においてある程度予想される困難な状況について「これは自分でできそう」「これは助けてもらわないと難しい」といったことが整理できた。

　入学後は，新入生ガイダンス，履修登録を無事に終えて，順調なスタートを切っている。B君の苦手な大講義室では，比較的前方に座席を指定して落ち着いて授業を受けられている。また，書字のスピードに課題があるので，板書をノートに書き写す際に，間に合わない場合にはデジタルカメラで黒板を撮影する許可を得て，授業に参加している。実際には撮影することは少ないようだが，「間に合わなければ，撮影すればいいんだ」という安心感から，授業への参加に抵抗はない様子だ。事前に大学生活の中で，「分からないこと，困ったことがあったら学生サポートセンターへ相談に行く」と決めていたので，どこに質問に行けばよいか分からないという事態もない。B君について，大学内で情報が共有できており，現在のところ友だちの数は少ないものの，授業出席に問題はなく，単位も順調に取得し，必要な支援を受けながら大学生活を楽しんでいる様子だ。

　以上，両極にあるような2つの事例を紹介したが，A君のように「高校まで何の問題もなかった」「大学生活でも何も困っていない」というように，当該学生やその保護者には問題意識が希薄で，むしろ大学の教員等から「対応が難しい」「このままでは留年してしまうのではないか」と相談されるケースがまだまだ多いのが現実である。

　両者を比較した際に，大学の支援に繋がるポイントは
① 　自己理解の有無（診断の有無も含めて）

② これまで支援を受けてきているか
③ 発達障害への理解
④ 障害受容の有無（当該学生，保護者）
これらに加えて，大学入学にあたって，
① 大学入学の目的は何か
② 高校と大学の違いを認識しているか
③ 大学生活の見通しが立てられているか
④ 大学卒業後のビジョンがあるか

といったことが，ポイントになるだろう。こうしたことが親子間で話し合われ，共通の認識をもつことで大学の支援を受けやすく，大学生活をスムーズにスタートさせやすくなる。大学側は，上記の全てが当てはまらなくとも，大学生活4年間の中で，当該学生，保護者が少しずつこれらに対する意識，知識，認識を深め，醸成していくことを支援し，4年後に学生を社会に送り出すための準備をする支援体制が必要となってくるであろう。

今後さらに多くの発達障害のある学生の大学入学が予想される状況の中で，こうした学生が安心して自分らしい大学4年間を過ごすためには，入学直後から，当該学生，保護者，大学関係者間での十分な情報共有とともに大学生活の見通しを立てることが重要であり，大学側は合理的配慮に基づく各大学の事情にあった支援体制を構築すること，特定の教職員の理解や努力によってなされる支援ではなく，全学的な支援のあり方を問い直し，仕組み作りを推進していくことがますます重要となるであろう。

[文献]

明星大学版（2013）．社会移行支援プログラム領域別ライフスキルトレーニングの事例　中島映像教材出版

小貫　悟・村山光子・石塚智子・川原万人・梅永雄二（2010）．日本LD学会第19回大会発表論文集　192-193．

第 8 章

卒業後の自立につながる大学生活サクセスフルサポート
——安心のスタートで学生生活を成功に導く

篠田　晴男

　現在，大学における発達障害学生支援は，文部科学省による「新たな社会的ニーズに対応した学生支援プログラム（学生支援 GP）」における成果を踏まえ，各大学で実情に応じた課題と対応が検討され，合理的配慮の支援にとどまらない独自の支援も試みられている。

　本章では，自閉症スペクトラム障害のある学生が卒業から就労へ向かう移行支援の体験を，障害児・者心理学を担当している一教員としての関わりを基に，仮想事例の形で紹介する。その上で，中規模私立大学における緩やかな支援について，自発的な支え合いともいえるインフォーマルな支援の視点から考察し，卒業後の自立につながる成功の鍵を探る。

1　インフォーマル支援の実践から
——職能人としての自立を目指した移行支援

(1)　職場に欠かせない存在となったあつしさん

①　あつしさんの今

　あつしさんは，物流関係の会社で，事務業務を担当する非常勤社員である。フルタイムではないが週5日は勤務し，社会保険の適用も受けている。負担や疲労を考えて，あえて非常勤を選択した。このところ，社会経験の乏しさを実感することがあり，マナーの本などを手に取ると，知らなかったことがあまりに多くあったという。一方で，"さすが，○○担当のあつしさん"といわれて，一目おかれる存在になりつつあることも励みとなっている。心身の調子に応じて，薬の管理を自ら行い，オフはもっぱら本屋をめぐり，時々自助グループにも顔を出している。

　あつしさんは，総じて平均的な知的能力を有していたが，処理に時間がかか

る他，一般常識に疎いところがあり，意味理解も今ひとつであった。失敗は避けられないものの，経験を蓄えて対応する力があった。失敗には彼らしい，理由もある。例えば，業務が集中すると，いつものペースで取り組めず，思うようにはかどらないばかりか，対応にミスがおきる。そもそも，人に手伝ってもらうことは苦手である。周りの人から心配されても，つい一人でがんばってしまう。困ったあげく，適当な受け答えをしては，上司の叱責をかう。人づきあいの仕方もなっていないと責められる。休憩時間には，うまく会話に入れず，口数も少なくなって，周囲からういてしまうという。「自分には向いていない，やめることになるかな」と，うちのめされた気分が続いたが，なんとか服薬量の調整で切り抜けた。

　最近は，忙しく仕事に追われるうちに，「責任が増えた分，仕事にやりがいを感じるかな」と語るように，職能人としての意識が芽生えつつある様子。「遊ぶ時間は減ったけど，仕事の忙しさを感じるぐらいが，不安定ではないし，むしろいいかな」との感想にはささやかな将来への自信も込められていた。

　あつしさんは，大学から就労への移行に際し，大学の卒業延期制度を活用して，アルバイト雇用から現在の雇用形態へと歩みを進めた。幸い，職場におけるスタッフの対応は比較的ゆったりしており，業務も定型作業が中心であったこと，午前中の時間を活用し，午後の出勤に備えた疲労回復を図ることが可能であったことなどもあり，現在の就労がフィットした。

② あつしさんの大学生活

　入学当初，あつしさんは履修ガイダンスで説明された専門の資格取得に関心をもち，つい多くの授業を履修登録してしまった。実際に出席してみると，口頭説明だけで進んでいく授業では，ノートテークに苦戦し，毎回感想を求められる授業では，適切な文章作成が難しく苦労した。一方で，パワーポイントによって視覚的にも内容が提示される授業や，メールでも質問に応えてくれる授業では，高校までの強制されて授業に出席している感じも抱かずにすみ，心地よさすら感じることも少なくなかった。

　新入生対象の演習では，同じグループとなった学生とうまく話題を共有できずに，多少の疎外感を感じると同時に，どのように自分が映ったのか気になった。自分のことばを遮られると，否定されたような，あるいは不条理な気持ちがわいてくることも経験した。一人でいると，かえって'変な奴'と思われな

いか不安になったが，'気にしてもはじまらない'と自分に言い聞かせて切り抜けた。

　授業は一番前のほうに席を確保した。遅刻もせずに毎回出席する珍しい学生として目立ってしまったことから，あえて席は中間に確保するなどの工夫もした。ふと，周囲を見渡すと，授業中に居眠りをしている学生や携帯端末に夢中な学生もいて，許せない気持ちが募ることもあった。緊張感の絶えなかった高校時代に比べると，周囲のゆるい雰囲気に安らぎを覚えることもあり，要求される課題も多くはなく，試験も資料があれば困ることはなかった。自分のゆとりの時間が持てるようになった背景には，高校で勉強を積み上げ，多少なりともしのいできたことが，役立っているとの実感もあった。

　学園祭の企画に参加した際には，次々押し寄せる頼まれ事にうまく手を抜けずに，プレッシャーから，頭が真っ白になり何も手につかなくなることもあった。一方で，得意な知識が活かせたときは，それなりの充実感があった。

　ここで在学中に課題となったことを，あつしさんのノートからまとめると，次の6点に分類された。
1) 健康管理と葛藤処理
　風邪気味で体調がすぐれないことに気づかず，身体を壊してはじめて気づいた。バイトで疲労がたまると，身体がこわばり，息が苦しくなることも経験した。自分と関係のないことでも，誰かが非難されるような話題が出ると，自分が否定されるような気分になってしまう。他者の視線が厳しく感じられつらくなることもあった。手抜きはしない性格で，'仕事人間'とみられがちであった。バイトで，ミスを叱られたときや，報道番組で誰かがバッシングにあっているのを見たときにも，'不条理'との思いがつきあげ，抗しがたいものであった。入院加療が必要なほどに憔悴したこともあったが，不調になると緊張感が増し，こだわり行動や強迫性が先鋭化することを次第に理解した。
　自己管理の必要性にも気づき，薬物療法とも自ら向き合うなどの変化がみられた。また，お気に入りの喫茶店での読書などを通して，クールダウンを図るなど，気分を調整するのに有効な対処スキルの重要性も意識できるようになった。
2) アルバイト体験
　店舗での販売のバイトを複数経験。騒々しさが尋常でないフロアで，対応にもスピードと正確さを要求されるとつらかった。商品の陳列や賞味期限の確認

など，ひとつひとつ丁寧にやることはできても，割り込み作業への対応や，お客さんとのトラブルなどがおきると，柔軟に対処することは難しかった。

3）自立生活体験

洗濯機に汚れ物を選別せずに，すべてつっこんで壊れんばかりに回していたという笑えない話もあった。他人は知っているようなあたりまえのことに無知であったりして，世間知らずな人間ではないかと悩む事態に陥ることもあった。また，休みの日の使い方を考えることにも苦労した。

4）コンパ体験

飲み会の席では，身近な仲間になるほど，苦手な酒を強要された。冗談のひとつもいえないのかと言われ，トイレに隠れたこともあった。次第に，お酒は飲めないと拒否できるようにはなった。ゼミ合宿では，周囲とうまく打ち解けることができずに，無力感に襲われ，レクリエーションに加わらないこともあった。

5）学修体験

資格取得のための研究会では，「上には上がいる」と，猛勉強した。周囲から，'もう勉強することはないんじゃないの……'といわれるほどに，勤勉な学修生活を全うし自信にはなった。ただし，論文やレポートはどう書くものなのかと悩み，卒業へ向けて課される作業が多くなると，いかにして計画的に事を進めるかといった困難さにも直面した。

6）キャリア選択

大手の会社への就職を第一に考える父親には，自分の困難さは理解されないと思い不安になった。家族の中でも，自分の困難さが十分に理解されないと感じ，追いつめられて調子を崩すこともあった。幸い，一番の理解者である母親の助言を得て，自ら当事者の体験が綴られた書物に目を通し，障害特性について理解を深める姿があった。就職活動に臨む際には，社会に対して恐れを感じ，同級生のような精力的な活動についていけずに，その違いを意識していた。

このような困難さに向き合う上で，筆者が一緒に立てた基本的な戦略は，
1）対応可能なことを絞ること（時間がかかることを理解し焦らないこと）
2）実際の作業に従事する際，作業優先でもコミュニケーションは怠らないこと（併せて職業適性への理解を深めること）
3）成果は自ら評価すること（周囲の肯定的なフィードバックも自己肯定感

第8章　卒業後の自立につながる大学生活サクセスフルサポート

の意識化には有効に作用すること）等であった。

③　高校までのあつしさん
　あつしさんは3歳児検診の折，ことばの遅れを示唆され，小児科医より自閉性を告げられていた。小学校では，情緒の通級指導教室で個別の指導も受けた。小学校高学年の頃には，学級で孤立する場面が増え，自らも周りとかかわることを避けた。中学校は通常学級で過ごしたが，常に自己否定感にさいなまれるような毎日であったという。高校は私立の進学校に進学したが，孤立しがちで，対人関係では苦労した。英語，数学は得意だったが，国語では，文意を問われても，感情の推測が苦手なため，苦戦した。成績についてはプライドがあって，一番でないと自分を許せなかった。実験実習では，段取りが飲み込めず，器具の操作に時間がかかり，教師から強い語気で指示されるとパニックとなった。親の期待を強く意識し，必要以上に肩に力が入っていたが，"いつも一番にできなくてもいいのでは"とやんわりとカウンセラーに諭されると，「そう思えないことが大変なんで……」と話す自閉的な一面がみられた。
　高校の担任教師は指導に熱心な方であった。当時のあつしさんの印象は，クラスでは目立つほうではなく，周囲もあつしさんのことをよく知らなかったであろうという。また，入学直後に，予定をいちいち確認にくることが気になったという。板書のノートテークに時間がかかるものの，まじめな一面を褒めると素直に喜ぶ生徒でもあった。作文では，不自然な語彙の使用や独特なテーマを好むところが目立った。それもくせと担任は考えたが，字数など細かい質問が多く，細部にわたる具体的な指示がいつも欠かせなかった。合宿等の際には，四六時中，誰かと一緒にいることは苦痛だと訴え，調子を崩すこともあった。
　進路を決める際には，オープンキャンパスにまめに足を運んだ。広大なキャンパスの中では，案内表示が少ないと，とまどうことも少なくなかった。理工系には，技術の修得に必要な手作業に苦手さを感じ，むしろ選択の幅が広い教養系の文系を志望した。オープンキャンパスの見学ついでに，一人で街歩きをして，喫茶店で時間を過ごしたり，衣料品店で鏡に映った自分の容姿に，身だしなみも気にすることがあったりと，一人で時間を過ごす楽しみを見いだすようになった。
　所属していたバトミントン部では，コーチの厳しい指導に対し，プレッシャーを強く感じていた。がんばっても，'やる気がみられない''気迫がない顔をし

ている'と言われ，仮病を理由にさぼるようになった。部活動では，勝たないといけないという思いと，どうして勝たないといけないのかわからないという思いの板挟みに苦しんだ。疑問を感じる自分を抑えようとすると，不調になった。

　どっちが正しいのか，考えすぎるとつらくなるというので，"逃げることも一案だよ"とカウンセラーに助言された折りには，安心したという。いわゆる"べき思考"に陥ったあげく，「僕は間違った人間？　おかしい人間？」と自問自答を繰り返しては，自らを追いつめてしまうところがあった。

　試合の勝ち負けに限らず，試験でも，テストでいい点をとることが正しいのだろうかと考えてしまうところもあった。勝ち負けにこだわると気分が悪く，時にはテストの採点が気になるあまり，試験官の先生につかつかと歩み寄って，「ここ違います！」と皆の前で指摘してしまい，嫌な顔をされるという一幕もあった。

④　あつしさんの高校から大学への移行の課題と対応

　当初は，大学に行って何がしたいかはっきりせず，行こうかどうかと迷っていた。一方で，カウンセラーには「大学に行かないと働くあてがない」と話していた。「人と接しないと仕事はやれないが，できるとしたら人前に出ない裏方的なものかな」と対人的な不安も口にしていた。

　この頃，相手のことばの裏にある本音には楽しくないものもあると理解するようにはなっていた。しかし，相手がどの程度嫌がっているのかわからず，過度に気にしていると思いこんでは悩むこともたびたびあった。

　受験本番へ向けて，重圧がかかるようになると，模試の結果に，ひどくショックを受けることがあった。勉強の成果が得られないと，自身の努力不足だと思い込んでは，調子を崩した。少しでも自己に打ち勝つことに背を向けてしまうと，その嫌悪感に圧倒されそうにもなった。逆に，自分で納得のいく結果が得られると調子は上向いた。気分がよくも悪くも変調することに気づきつつあったが，変化する気分とどうつきあうかは難しい課題であった。成果が出ないときは，「これは自分のせいではないと思う。だから，まわりのせいにしていいですか」と語り，"今のところはあえて周囲のせいにしておこう"と，多少の合理化スキルをカウンセラーが提案し，切り抜けることもあった。

　学校から期待される学業上の成果の追求と，友だちがつきつけてくる係の仕事などの理不尽な要求にも応じようとして疲弊し，柔軟な対応が難しく自己否

定に陥ることが繰り返された。この時期，気分を自己評価する記録ノートをつけて自己管理にも努めたが，服薬によるコントロールが必要となった。次第に解離的な状況から，自己の統合的な機能が働き，未熟ながらも防衛機制を繰り出すことができるようになった。

最終的に志望大学は，自由があり，静かな環境，さらに卒論がないという条件を優先し，ほどほどの偏差値ランクのところを探して自ら決めた。数校を受験し，キャンパスの小さな大学への進学を重視し志望校を決定した。入試では，やはり苦手な国語の出来が大きく結果を左右した。試験前日には貧乏揺すりがとまらないほど緊張したが，いざ始まってしまうとそれほどでもなかった。入試が終わると，すがすがしく，解放されたような表情となり，達成感とともに安堵感を口にした。

母親によると，高校では苦手なレポートをつきつけられると，「どうしよう，でもやらないと，やっかいなことになる」と，切迫した状況で強迫性が強まり，不安や恐怖感に打ちのめされる悪循環の日々があったという。前日のうちに翌日の予定を立て，6時間はきっちり勉強をし，調子が悪く少しでも目標が達成できないと，自分を叱咤し無理を承知で格闘する姿を前に，母親はこの障害の厳しさを改めて認識したという。

あつしさんは大学への移行に際し，厄介な状況では，時に回避することも選択肢のひとつであること，全てをやり遂げる必要がある訳ではないことを知り，多様な行動の選択肢があることを学んだ。障害特性から抱えることの多い葛藤とその処理についてカウンセラーや母親とともに考えを深めたことは，本人が自身の特性を適切に理解し，より肯定的な自己理解を進める一助となった。大学入学前後には，対人場面で，「ちょっと考えさせてください……」と追いつめられてもその場を切り抜ける言葉をいくつか身につけることができていた。

入学式後のオリエンテーションやガイダンスへの対応，そして援助資源へのアクセス，最初の新歓コンパ，ゼミ合宿と心配はつきなかったが，大学の担任教員の理解も得て，最初の一歩を無事踏み出すに至った。

(2) 後輩のよきメンターとなったちずこさん

ちずこさんは，現在某クリニックの非常勤事務職員として勤務している。就職活動では，面接でいつも不合格となり，常勤職はひとまずあきらめざるを得なかった。

ちずこさんは，幼児期に検診でコミュニケーションの困難さを指摘されたこともあったが，両親は海外生活が長かったせいであろうと考えていた。小学校では寡黙であったが，家庭ではむしろ話し出すと止まらない子どもで，彼女の学校での苦戦も早晩解決されるだろうと周囲はみていた。ちずこさんは，その後，中学校から単位制高校に進み，大学にも合格した。しかし，環境になじめず，再受験の末，他大学へと進学した。

　新たな大学でも，ちずこさんは，演習，実習などのグループ学習になると，幾度かパニックを経験した。あるとき，実験実習の際，課題をやってこなかった理由を担当教員に詰問された。'なぜか答えなさい'と教員にいわれると，その場で身を固くして，立ちつくした。保健室でしばらくクールダウンをし，落ち着きをとり戻すと，今度は何もなかったかのように，授業に戻った。相手の様子をうかがいつつ，受け答えをすることは難しく，いつ，どのように話を切り出したらよいかと思案するあまり，しゃべれずに終わることも多かった。それ以外にも，レポートが苦手で，作文スキルがつたないために，筆が進まず未提出となってしまうといった問題も見受けられた。

　ちずこさんは，幸いにも，学内の援助資源とつながり，個別の配慮を受けることができた。指導教員は，言語的なやりとりが難しいと判断し，筆談も併用するなどの配慮をした。個別指導では，ちずこさんが混乱しないよう静かな場所と時間帯を選んで，科目履修とレポート作成に関する学習戦略が検討された。困難さに関する聞き取りを通して，対応が難しい講義については，自ら配慮要請を申し出られるようなサポートがなされた。ちずこさん自身も，サポートしてくれる同級生と事前に対応のリハーサルをするなど，準備をしてから授業に臨んだ。グループでの発表が困難な場合は，個別に発表する機会を要請し，成果を手にすることができた。パニックに陥りやすい集団場面では，言葉で伝えることの困難さ，対応可能な指示のされ方などを事前にまとめ，いわば"自分の取扱説明書"を作成して，教職員や周囲の学生に理解を求めた。さらに，手助けしてくれた人たちに，お礼を言うこともできた。

　レポート作成には苦労が絶えなかったが，得意な資料検索スキルに救われた。特に卒論では，必要な資料を要約しては，順序立てて簡略な意見を付加していく形で取り組んだ。要約作成の際には，記述内容の絞りこみに苦労し，何をとりあげ，何を削るか取捨選択に悩んでは多大な時間を要した。少しずつではあったが，出来上がっていくことは自信となった。

卒論は提出したが，「卒業は，できれば遅らせたい。まだ，進路を考えるのに時間が欲しい」と訴え，卒業延期制度を活用して，さらに1年をかけて職に就いた。今では，大学のゼミにおもむき，後輩に体験を伝える姿がある。同じ苦戦をする学生にはよき先輩として，貴重なメンターの1人である。

ちずこさんは，情緒面での不安・抑うつなどの気分変調，思考・行動面でのこだわり・強迫性，社会面でのひきこもりや疎外感など多岐にわたる問題に悪戦苦闘し，学修生活そのものが膠着する時期もたびたび経験した。レポート作成，実技を伴う実験・実習，演習での発表やグループ学習などの困難さには，具体的な学習・行動戦略とピア・サポーターによる支えが欠かせないものであった。

彼女のように，高校から大学への移行は，自力で対処し入学できたが，入学後の必修科目の単位取得などで苦戦し，そこで問題が顕在化する例も多くある。あつしさん，ちずこさんのいずれの例においても，できるだけ自然な形で周囲の援助資源につながっていけることが，本人にも周囲の学生や教職員にも一番負担の少ない合理的配慮といえよう。

(3) 事例を通して見えること

これらの事例に共通する大学在学中の支援における援助の鍵は，①失敗を糧とし，肯定的な体験を獲得する中で自己理解を深める，②学習支援に関する道具的サポートを活用する，③いわゆる二次性障害へタイムリーな対処を施す，④ピア・サポーターによるチーム支援と教職員との相互連携をはかる，とまとめることができる。このような援助が有効に作用するには，本人とピア・サポーターのいずれもが，具体的な援助目標を共有しながら学修生活をおくること，小さな成果にも注目し，その都度評価していくことが必要であった。本人においては，適切な援助要請ができるよう，より肯定的な自己像を獲得していくために，安心できる状況が確保されていることも必要であった。さらに，より適切な対処の仕方により，困難さは軽減できるとの周囲の理解が進むこと，本人が自己決定していく成長過程そのものをサポートする成長支援としての理解も重要であった。

その前段階にあたる高校から大学への移行期の課題には，援助の鍵として，大学における支援のコーディネーター，あるいはスクールカウンセラー，養育者との支援のつながりも欠かせないものと考えられた。高校の教員が，可能な

範囲でこのつながりを活用すると，より安定した移行が可能となろう。このように考える背景には，高校，そして受験を伴う移行期において，当事者である生徒には，自身の障害特性に向き合うと同時に，より肯定的，客観的に自己を見つめていく作業が必要となるからである。その際，様々な葛藤処理を粘り強く支え，時には薬物療法の力も借りながら，つたない防衛機制を獲得し，運用していく作業が織り込まれていく。共感性も未熟ながら発露しているが，脆弱な状態にあることから慎重なサポートが求められる。ストレスマネージメントなどの自己管理スキルを徐々に身につけ，多少なりとも余暇につながる活動を見いだす等，新たな環境への確かな歩みを感じさせる時期でもある。大在学中に支援を開始した事例に比べ，高校在学中からの移行支援では，学習上の問題が明確であると，道具的なサポートは提供されやすい。加えて，情緒的サポートを丁寧に行うことで，自己理解の深化とともに自己管理のスキル向上へのキャッチアップも短縮され，より確かな進路選択にもつながりやすいものと考えられた。またその際，養育者も将来のキャリアをアドバイスするメンターとして，人生の一先輩という立場を担うことで変化し，新たなステージに立つことができるのではなかろうか考える。

2　配慮と支援の最先端——移行体験プログラム

　高橋・篠田（2008）では，米国の大学における発達障害のある学生への支援組織のあり方を，代表的な4大学における組織的支援を比較した。その中で，配慮はタイムリーに提供される必要があり，いずれの組織においてもコーディネーションが円滑に機能することが重要であることを指摘した。

　例えば，特に，有料のサービスを提供しているアリゾナ大学SALTセンター（Strategic Alternative Learning Techniques Center）では，学習支援の専門家と情報機器を用いたテクニカルサポートの専門家を核としたチーム支援の実績を上げていた。センター開設当初から，すでに高校，ひいては中学から始まる移行支援プログラムが準備されており，当事者青年の進路選択の体験談などを含むレクチャーが，デリバリー・サービスとして試行されていた。最近は，移行支援の一環として，入学前の進路ガイダンスを含む体験学習プログラムをサマーキャンプ形式で実施している。その一環を，ここでは簡略に紹介する。

(1) 入学前夏期プログラム

約2週間の有料大学生体験プログラムとして，発達障害のある学生が，より適応的に大学生活をスタートできるように設計されたものである。主に，一般教養科目の集中授業が，実際の大学のキャンパスで行われ，各人が関心領域を知り，友人と出会う中で，適切な進路選択の機会となるよう配慮されている。スタッフは，ディレクター，コーディネーター，学習支援の専門家としてのLDスペシャリストや行動管理の専門家であるADHDコーチ，そして生活支援のアシスタントも参加した包括的支援チームで構成されている。

(2) 大学へ適応するためのロードマップを共有する

集中授業には，科学技術，経営，教養，芸術などの科目が開講され，体験や対話を重視した課題探求形式の授業が提供される。ユニバーサルデザインの教授法を用いた講義形態により，スタッフから，事前に講義内容の特徴や学習戦略が説明され，模擬体験する機会も提供される。授業のスケジュールは，各自で自由に作成するが，必修科目もある。午後の授業終了後には，LDスペシャリストとの面談やサークル活動などのアクティビティも用意されている。特色ある科目としては，基礎的な学習方略と学習スキルを学ぶコースがある。学生が大学生活で成功体験を獲得できるように，様々な学習方法に関する知識の修得を目ざして，時間管理スキルや読み書きの困難さを軽減する手法や技術についての知識と運用方法を獲得する。寄宿舎体験では，ICカードやIT機器の利用なども含め，情報化社会の先端をいく大学生活の一部を知ることができる。また，余暇として，レクリエーション施設の利用，共用エリアでの新しい友人との交流のサポート，そして小旅行まで，ソーシャルアクティビティの機会と支援が潤沢に用意されている。

LDスペシャリストを中心に各人の長所を活かした学びが展開されるが，身近なメンターとして，支援の訓練を受けた上級生も参加している。このような上級生によるピア・サポート活動は，寄宿舎アシスタントの役割など，参加者が安全に学ぶための豊かな環境を提供している。学習から解放されるひとときは，参加者同士の交流を促し，寮でのコミュニティを構築するよい機会となっている。プログラムに参加する教員はいずれも，効果的な指導技法を駆使して，適応戦略や様々な対処技法を盛り込んだ授業をできるよう，発達障害のある学

生に関する専門知識を有している。学生は，自分の学習状況をLDスペシャリストと定期的に確認する機会をもっており，このスペシャリストの存在こそ，彼らの包括的な支援の鍵であり，各人に適した学習方略を提示し，将来の進路選択も助言できる頼れる存在となっている。

また近年は，自閉症スペクトラム障害のある青年を対象とした大学進学の準備教育も盛んになっている。寄宿舎生活から始まるライフスキルを中心とした包括的なプログラムとして，民間の移行支援組織が提供する手厚い有料サービスはあるが高額なものとなっていた（篠田，2011）。

3 成長への願いでつながるインフォーマルなネットワーク

(1) 移行支援の再定義と移行支援に欠かせないポイント

富山大学あるいは信州大学における発達障害のある学生支援の先進的取り組みにもあるように，大学への移行支援の課題は，展開の様々な局面で新たに提起されるものも少なくない。例えば，明星大学における支援の実際では，入学直後という時期を，その後の適応を占う重要な時期ととらえていた。その際，タイムリーに学内連携をはかるコーディネーションの課題として，状況に応じて介入のタイミングを見極める臨機応変な対応が必要とされていた。センター試験における配慮といった移行支援の進展もあり，初年次ガイダンスにおける個別支援等のニーズが大きいこと等には留意したい。

移行支援には弾力的かつ開発的な側面が欠かせず，ありかたそのものを常に見直していく必要がある。と同時に，常に要配慮事項と考えられる点もあり，インフォーマル支援の経験から，下記の点は重要と考えている。

1) 移行支援は，高校生が主たる対象ではあるが，初等中等教育からのキャリア教育の流れに位置づけられていくロングレンジな支援といえる。
2) 移行支援に関わる人は，本人を中心に高校教員，保護者と十分なコミュニケーションの機会をもち，シームレスに安心できる情報を提供する必要がある。この段階で，本人の得手不得手，希望する進路や将来の職業に関するイメージ，進学への不安などに留意し，その理解の深まりの程度に関心をもっておく。
3) 大学教育で求められる自主性と背後にある学修環境の構造化の低さの問

題など，その特色についての知識・関心を深め，さらに体験プログラムのような機会を通して，進学に関わる問題を事前に整理し，現実的な課題を想定した対応戦略を用意することも必要である。
4）入試の配慮に関する最新の情報に留意し，必要な情報は直前まで遺漏なく確認しておくことがのぞまれる。
5）移行支援に関わる人は，特に入学直後に発生するガインダンスでの困りごとを事前に予想し，一定程度その対策を練っておく。実際には，その場で起きた新たな問題には，学内資源が連携して即座に柔軟な対応をとれるよう，事前に意見交換をしておくことも欠かせない。

(2) 移行支援を成功に導く，その背景にある責任と工夫

　センター入試における配慮は，入学後の配慮にもその対応が及ぶことが想定されるものである。道具的配慮としての，アシスティブ・テクノロジー（支援技術）の活用等も視野にいれた配慮の準備が望まれる。配慮要請の裏付けとしては，診断書に限らず，これまでの支援の経緯が求められ，適切な配慮を推進するエビデンスとなる。こうした点を含めて，手厚い移行支援が求められるが，大学スタッフによる体験プログラムの提供は，進学後のイメージを形成し，不安の軽減にも効果的であろう。保護者にとっても，同様に心配ごとが軽減される面もある。
　移行期に入っていくと，生徒が焦ることがないよう，長期的な視座で，多少のゆとりをもって関わることで，同時に生じる様々な高校生活上の課題を解決しながら移行を進めることができる。
　入学直後のストレスフルな時期に頻発しやすい諸問題には，学内の各援助資源をつなぐキーとなる人を定め，周囲への周知（自己開示を含む）においても，慎重に，同級生の適応も見定めながら，進める必要性があろう。移行のスタートもより早期から，豊かなサービスが供されるようになると，サクセスフルなスタートは確かなものとなる。また，そこに安心の提供という視座が加われば，支援を担う多くの人の共通な願いは，いずれの人にも優しい支援となろう。障害のある生徒への移行支援に限らず，未診断の生徒への予防的な対応も，大学が高校との連携を深める中で，サクセスフルな移行支援の実績として増えるものと期待する。

(3) 移行支援の失敗も糧とする

　移行支援では，入学前プログラムなどの導入により，より円滑なスタートを切れる可能性もあるが，介入のタイミングを逃すと，難しい状況も生じる。
　ここでは，入学直後のガイダンスで燃え尽きて引きこもりとなったけいじさんの例を振り返り，成功への思いをつなぐ支援について改めて考えたい。
　けいじさんは，入学式から毎日続くガイダンスに全力で参加した。履修計画の作成は特に苦手で，事務室にたびたび足を運ぶこととなった。ただでさえ，混雑しているこの時期，限られた人数の事務職員では望んだ対応が得られるとは限らず，無駄足となることも少なくなかった。必死の思いで履修案を作成し終えたものの，教室も変更となることが多かった。私語の多い授業のオリエンテーションに参加することの負担は大きく，多少早口で語られる教員のノートをとることも容易ではなく，出席する意欲がとたんに萎えてしまった。学生相談に足を運んで，一時的な意欲の喪失なので無理をしないでやるよう助言を得たものの，出席につながることはなかった。登校しない日々が続き，結局1年間を棒にふることとなった。
　事務から次年度の復学可能性について問い合わせを受けた母親が，対応の糸口が見えずに，追いつめられた表情で相談に訪れたのは，年度末も押し迫ってのことであった。早速，事務室が仲介し，初年次の必修科目担当教員ともつながりができた。必要な配慮として，個別のガイダンスと履修計画の作成支援の機会を設けることにもなった。母親の抱えてきた不安を受けとめ，再登校へ向けた具体的な介入戦略について相談する上で，母親が学生相談の担当者と独立してつながる機会もセットされた。その際，あくまでも復学の判断は本人の意見を重視し，かつ母親と進路の展開について話し合うように助言もした。事態は二転三転したものの，本人は自らの意思で動き出した。配慮という連携支援には，本人の困難さへの具体的理解は欠かせないが，教育の場においては，本人の自立を促す成長支援への願いが様々な援助資源となる人々と共有されて，はじめて実効性のあるかかわりが得られるものと考えられた。
　けいじさんの例のように，養育者との協働作業が起点となり，援助資源とのつながりを再構築できることもある。養育者は，入り口でつまずいても，大学の援助資源に繋がる努力を惜しまないことが必要である。最終的に本人が退学を希望しても，その決断をすぐに親が受け入れ難く，やむなく休学をせざるを

得ないこともある。コーディネーションにおいては，連携のありかたを柔軟に調整し，当事者とその家族の気持ちに寄り添っていくことが欠かせない。と同時に，教職員の助言や可能な配慮の申し出には支援者も励まされることが少なくない。まさに互恵性のある情緒的な合理的配慮は，インフォーマルな支援を豊かなものとしてくれるのである。

4 今後の課題——システムからマインドへ

(1) 一様でない"大学"における発達障害支援

センター試験での特別措置による配慮も大きな話題となったが，高等教育機関の8割を占める私立大学では，AO入試を含めた推薦入試に頼った定員確保がその半数以上に及んでいる。結果として，大学と称される高等教育の中身は実に多様化し，様々な独自の教育目標が存在する状況となっている。いずれの大学でも在籍する学生の資質を勘案しながら，将来のキャリアパスを見越して各大学の特色を反映した支援が志向されていくであろう。

(2) 当事者視点からみえてくる課題

支援の中では，ライフスキルのつたなさに伴う問題を軽減し，自律的な学修生活に一歩でも近づかせたいと考える。必死にやりくりしながら卒業し，さらに就労へと歩みを進めた既卒者の語りの中には，教養や専門的な学びの体験自体が，その後の支えとなったという意見もみられる。彼らが大学教育における学修に真摯に向き合えるよう，学びの満足感が得られるような教育上の工夫が欠かせないと考える。

(3) "少"資源の組織でもできる"省"資源の支援

先進的な取り組みができなくても，普段の学内行事，サービスとして既存のものを活用することで，部分的な支援の枠作りに役立つことも少なくない。オープンキャンパス等の際に行う，保護者も含めた個別相談や学内見学，ボランティア学生との交流などで，安心感を深めていく高校生の姿を目にすることも少なくない。既存の教室でのふだんの授業であっても，アクセスしやすいWEB資料の提供や，筆談のような音声だけに頼らないコミュニケーションの有用性を

伝えるだけでも，すべての学生にとって，より学びやすい環境が得られるであろう。

また，初年次教育を活用し，いずれの学生においても有益な対人コミュニケーションや学習スキルを扱う講義等を設定することも一案であろう。加えて，注意の困難さがある学生においては，時間管理やプランニングのスキルなどをワークショップで学ぶ機会の提供も試みられており，自己管理能力の向上が成功体験の獲得につながることも示唆されている（例えば，岩渕・高橋，2013：篠田・沢崎・石井，2013など）。

(4) 合理的配慮とバランス

困難さをかかえつつも，一人で乗り切っていく学生もいるが，予防的な見地からは，学生の困り事には感度を高くしておきたい。配慮は常にということでなく，支援する側にとっても，必要に応じて対応できる内容での支援となろう。また普段から，問題解決策をいくつかもっている学生もいるが，なぜその知恵や工夫が身を助けてきたのか，うまくいった背景を明らかにして理解を深めるだけでも生きやすくなることがある。支援の中には，情緒面でのサポートは欠かせないが，やはり教育という場における指導の一環であるという意識は大切にしたい。要は，いずれの教員においても，発達障害のある学生とともに，多様性のある人間理解を目指して，分け隔てなくポジティブにその学生の生きにくさと向き合う思い（マインド）があれば，インフォーマルなサポートもサクセスフルな学生生活をもたらすものと考える。

(5) ボランティア

退職された教職員や卒業生も含めて，支援経験のある人材のボランティアとしての活用は潜在的資源となろう。さらに，高等教育における特別支援の専門家養成とそのニーズも，早晩，米国と同様，より高いものとなっていく。発達障害のある学生支援の担い手となる専門性を有するコーディネーターの養成は重要となろう。また，専門職としてのコーディネーターの採用に加え，専門性の高いボランティアの養成も，検討課題であろう。

[参考文献]

岩渕未紗・高橋知音（2013）．ADHD のある大学生への学生生活支援　精神科治療学，28，325-330．

篠田晴男（2011）．青年期の発達障害を支援する――米国の大学における発達障害のある学生支援の展開から　心と社会，144，89-95．

篠田直子・沢崎達夫・石井正博（2013）．注意に困難さのある大学生への支援プログラム開発の試み　目白大学心理学研究，9，91-105．

高橋知音・篠田晴男（2008）．米国の大学における発達障害のある大学生への支援組織のあり方　LD研究，17，384-390．

アリゾナ大学 SALT センター　Pre-College program http://www.salt.arizona.edu/pre-college

第9章

学生の立場から
―― 進路選択と大学生活

笹森　理絵

1　当事者としての思い

　私は30代に入る頃，社会生活に適応できなくなり人生につまずいてうつ病を発症し，発達障害と診断を受けたいわゆる成人当事者である。
　また，一般通学部学生と社会人通信課程学生として，二度二種の大学生活を経験しており，様々な困難や学びへの思いを重ねながら卒業して今に至っている。
　本稿において，私が大学生活の中で経験したことを綴ることで，これからの大学内での障害学生支援，とりわけ発達障害がある学生への支援について何かヒントになることがあればと願う。

2　私の子ども時代

　私は現在42歳であるが，10年前に出された私の主たる診断名は混合型ADHD，算数の学習障害であった。後からアスペルガー症候群傾向，発達性協調運動障害ということも判明した。恐らく今の診断基準で言えばPDDかASDに該当するものと思われる。
　まず生育歴からいえば1970年9月，大変な難産の中，吸引分娩で出生した。両親が何度も語っていたことは，まだベビーベッドで眠っているような頃，夜中にベッド下で眠る父親の背中にベッド柵を越えていきなり落下してきて非常に驚いた「事件」や，幼児になっても他の子ども以上に落ち着きがないうえに鉄砲玉のように飛び出しては迷子になるなど，ほんの一例ではあるが多動衝動

性の特徴的なエピソードだらけである。

　祖父母の家にいた家政婦さんからも「哺乳瓶でミルクを飲みきるたびに誰かに渡すことなく，後ろにぽいぽいと放り投げる子で，そんな子は初めて見たのでびっくりした」と聞かされたこともある。

　また，発語はあってもいわゆるジャーゴンだったらしく，親にしか聞き取れず理解できないような言葉が多くて周囲は理解しがたく，それを「理絵ちゃん語」と揶揄されていた。単語がうまく発音できず，ネズミが「ねめみ」になったり，自分の名前が理解できず，ずいぶん大きくなるまで自分の苗字と母の名前と自分の名前が混乱してしまって区別がつかず，すべてを切れ目なくつなげてしまうこともあったそうだ。母が言うには4歳頃まで，発声する言葉がはっきりしなかったとのことである。

　しかし，その反面，3歳頃には書字はできており，平仮名も書くことができ，漢字も早々から書いていたそうで，知識欲旺盛，博識で早期から読書好きでもあり，親としてはどちらかと言えば「不器用なうえに落ち着きもなく，不注意でしょっちゅう怪我をしているが，ちょっと変わりつつも優秀な子ども」だと思っていたらしい。

　会話は5歳頃には達者になってきて，今度は積極奇異になり，誰でも彼でも話しかけていってはマシンガントークするので，幼稚園のお帳面にも自分ばかりが話さずに人の話も聞きなさいと注意を書かれている。お帳面には他に集団生活ができない，共同製作ができない，部屋に入れなかったなどいろいろと書かれており，幼い頃にはすでに様々な場所で特性はかなり花開いていたようだが，当時は発達障害という概念がなかったために，活発だがしつけのできていない子ども，変わった子ども，不器用な子どもと思われていた。

3　子ども時代の夢

　そんな私の子ども時代の夢は，古生物学者か地質学者になることからスタートする。

　しかしそのためには算数をもっと頑張らないと難しいと誰かに言われて諦めたのを覚えている。なぜなら大学の理学部に入らねば勉強ができないからである。小学校の比較的早い段階から私は研究者を目指して4年制大学に行こうとすでに決めていた。ただ，小学3年生時点で早くも算数と体育に成績の遅れが

見られ，後には物理や化学などの分野の習得にも数字や記号が絡んだり巧緻性を要される課題には非常に苦労していたので，「算数をもっとがんばらないと難しい」という説得力のある言葉には自分自身，すぐに納得できたのだと思う。

そして小学校四年生頃に見つけた次の夢が考古学者であった。『岩宿遺跡の謎』という本に出会い，行商しながら関東ローム層から旧石器を発見して歴史を覆した相沢忠洋青年に魅せられて，自分も発掘して大発見がしたいと思うようになり，それを周囲に話すと考古学は理系ではなく，大学の文学部史学科に行けば良いとのことだったので，本格的に目指すことになる。

4　高校時代

両親は娘の「できないこと」に対しては非常に厳しいしつけを施したり，家庭内外でもルールの遵守をさせていたが，なぜか「変わっている」「マニアック」ということ対しては比較的肯定的ではあったので，考古学者になりたいという願いに対しては大変，支持的であった。

しかし学校の勉強が算数から数学に変わり，その内容が抽象的で高度になるにつれ，成績の凸凹がひどくなり，高校受験を控えて中学から高校へと段階が進むとさらにその困難さは増していく。また，勉学のみに留まらず，多様な特性からくる生きづらさは，広く日常生活面にも影響を及ぼすものでもあった。

高校3年生になり，いざ考古学者を目指して大学選択をすることになったときに，選択肢を狭めることがたくさんあった。

まず，理系ができないことからセンター試験を受けることは不可能で，必然的に国公立大学への進学の道は閉ざされ，受験に数学を必要としない，私立大学のみに照準をあてることになった。

そして感覚過敏や協調運動障害のせいで，長時間通学で人の多い電車に乗ることができず，受験できる学校の範囲はさらに狭まる。片付け一つ満足にできないので一人暮らしは危惧されたし，家庭の経済的な事情により，下宿はできる限りしない方向で考えていたので，自宅の近くで史学科があってさらに学力的に見合うところ……となると，ますます選択肢は限定されてしまった。

ここにきて，考古学者にこだわらずに近場の大学のいろいろな学部学科をあたってみるように両親や先生からも提案されたが，とにかく一途で頑固で融通がきかないことは子どもの頃から天下一品だったために，今さらのように他の

進路も考えるように言われても，私自身さっぱり切り替えがきかない。両親は私の融通の利かなさは誰よりよく知っており，客観的にも小学校の先生が通知表にも注意を様々書いたくらいなので，途中で皆，提案を諦めたらしくもう何も言わなかった。

5　大学合格と大学生活での困難さ

　上記のような経緯の中，学力的なレベルはさっぱり高くないが自宅から30分以内で通学できる女子大学の史学科に合格して入学した。幼いころから男女共学で学び，県立通常高校から私立4年制女子大学に入学した当初，まず女子しかいないことに改めて激しい違和感を感じたことを覚えている。女子大とはそういうものだが，私の中でいまひとつイメージできていなかったのだと思う。そして交友関係がどうだったかといえば，これも難しいところがあったと感じている。
　私は元々，道徳最優先の人間ゆえに，友人との摩擦が多かった。特に女子大生ともなれば，異性の話も多く，そこには必然，複雑な心や思いや期待が交差する会話は多い。
　ある日友だちが，アルバイトつながりの男子の話をしており，よくは知らない人だが男の子の車に乗って，どこに連れていかれるのかわからず，幸い何事もなかったものの少し怖かった……というようなことを話してきた。
　私はそれを聞き「えー，それは大変だったねぇ」など共感傾聴することもせずに『あのね，常識的に考えて嫁入り前の独身の女子が，よく知らない男性の車に乗るのはふしだらなことで，乗った以上は何をされてもおかしくないでしょ』などと説教してしまった。当然，場はしらける。結局，私だけこの会話の真意がつかめていなかったようで，嫌な雰囲気の中理由もわからないし，女子の会話は何とも難しいと思ったものである。
　当時，女子のこういう会話はいったい何が言いたくてしているのかが，よくわからなかった。実は高校生のときにも，学校の帰り道でアイスキャンディの棒を平気でその辺にポイ捨てした友だちに，この調子で説教したら，「へんちゃんは道徳が制服を着て歩いているようで嫌だ」と言われた。友だちもだいぶ我慢してから言ったようだから，きっと日頃からこうだったのだろう。だいたい，私は何も悪いことは言っていないし，何も間違っていないのになんで道徳が制

服を着て歩いているとか，嫌だとか，言われなくてはならないのかと戸惑ったものである。

今にして思えば，きっと友だちは単に共感してほしいだけだったり，説教を窮屈に感じたりしていたのだろう。しかし，そういった関わりは当時の私には難しかったように思える。

結局，そういう特性が人づきあいを難しいものにしてしまい，大学時代は同級生よりも部活の先輩や後輩との方がうまくいっていた。今でも大学時代の友だちはいるにはいるが，もれなく部活の先輩ばかりである。

この傾向は小さい時分から変わっていない。なぜか同級生とはうまくいかないことは多々あり，いつも年上か年下とばかり遊んでいた。年上は自分に合わせてくれるし，年下は言うことを聞いてくれるという，王道ともいえる理由があてはまると思う。それだけ，社会性に支障をきたしていたのであろう。

他に戸惑ったことは，固定したクラスは英語のときくらいで普段は枠がなく，その日その日を自分がどう行動したらいいのか判然としなかったことや，よく言われることだが私も履修科目の選択の仕方が難しくてわかりにくかった。また教科書のチョイスの仕方も先生によって幾通りも示され，それが個々に違いすぎてわかりにくかった。実際に授業で使う教科書と，あくまでも参考のために必要なら読んでおけばいいですよという教科書との違いがわからず，言われたものは全て買うべきなのか戸惑うことも多かった。

授業時間も高校までは1コマが45〜50分だったものが大学では90分になり，長すぎて集中が続かず苦労した。そして，考古学がしたくて入学したのに最初の1年は一般教養がメインで，その上に苦手な英語や第二外国語のフランス語が入ってきて散々苦労し，勉学へのモチベーションが下がってしまい続かないことも多かった。正直なところ，一般教養はあまり関心が持てないものが多く，専門学科が出てくるまでが非常に長く思えたものである。

また，高校までの3学期制と違って1年が前期後期に分かれたことで，1年のスパンがわかりにくくて最初はとても戸惑った。試験も休暇も前期後期だったし，試験も合格点のラインが高校の35点以上から60点以上に上がったこともまたハードルが高くなったように感じて戸惑った。

試験の内容にしてもほとんどは記述論述式で，マークシートのようなはっきりした基準があるわけでも選択肢でもなく，先生によって評価が違いすぎてそこが曖昧でわかりにくく，どこまで書けばいいのかもよくわからない。とにか

く思ったことをたくさん書いた方を評価する先生もいれば，端的に論理的にまとめることを好む先生もいる。しかし，先生ごとに合わせて要領良く対応することは私にはなかなかに難しい。これは二度目の大学生活でも非常に苦闘した部分でもある。

6　書字が苦手

　そして何より私は書字が非常に苦手なので，文章を考えることはできても紙にきれいに書くことに苦労する。それは子どもの頃からのことで，漢字は得意だが紙に書くのが苦手で，小学6年生になっても名前を平仮名で書いていた。
　私の旧姓は逸見理絵だが，とにかく字画が多いのと「逸」の字を書くのが苦手で仕方がなかった。姓名は生まれたときに私の意思にかかわらず与えられるので，嫌だともいえないし非常に困ったものである。
　幼いころから常に書字の汚さは注意をされたし，筆圧の調整ができなかったり，紙の空白を上手に使えなかったり，板書ができず書記を務めることができなくて副学級委員に交代させられたり，罫線がないと字がうまく書けない，決まったスペースに字が収まらない，習字で筆が使えないなど，様々な課題を持っていたがそれも原因はわからないままにきていた。
　小学校を過ぎても，中学校の通知表にクセ字がひどいからペン字を習えと書かれた，高校の先生にもせめて答え合わせができるくらいの字は書いてもらわないと困るなどと言われ，算数の学習障害とはいえ，以上のように書字に関しての苦労もあったため，大学の記述式一本の試験にも非常にエネルギーを消耗したものである。
　また，いざ待望の専門学科が入ってきたときも，必須科目の中にはさっぱり興味を持てない学科や選択科目でも，単位数のために興味のないものも取らねばならず，これをクリアすることにも非常にエネルギーを使ったものである。
　特に古文書が絡むと困った。私は書字は苦手ながら，学問としての国語は非常に得意としたが唯一，漢文がどうにも苦手だったのだ。漢文には様々な「ルール」があるが，それをどうしても理解できない。何とか順番通りに読めたとしても意味をとらえて，さらに問題に答えるということは困難だった。古文書は草書体が読みにくいこともあるが，江戸時代あたりのものになるとほとんど漢文と同じで，ルールにのっとって読み取らねばならず，そこがどうにも理解し

にくかった。必修なので落とすわけにもいかず，必死で勉強したことを覚えている。

そんな中，卒業後のために，博物館学芸員資格をとろうとしたものの，どうしても合格できない必須科目が1つだけあった。それは「教育原理」だった。

担当の先生の講義内容がどうにも曖昧でのらりくらりとしており，要点も結論も思想的過ぎてぼんやりしていて何が言いたいのかわからず，試験も何がポイントなのかがさっぱり理解できず，2年続けて落としてしまい，結局は学芸員資格をとることもかなわなかった。

しかし，実は何よりもっと困ったことに直面したのである。

7　サークル活動での困難さ

私が大学に進んだ原点，そして私の夢は遺跡を発掘することそのものだったので，いろいろと調べてみたところ，1年生の段階ではなかなか大学内での遺跡調査に関われるルートが見つからなかった。

ただ，大学内の文化クラブの考古学研究会に所属すれば，部員は1年生でも大学の研究室付で遺跡発掘に関われる可能性があることがわかった。どちらにせよ考古学研究会には入りたかったので，仮入部期間を経て，1年生第1号入部者になり，まず夏の研修合宿に参加することになった。ここからエピソードは始まる。

ちょうど時期は7月の博多山笠のときのこと。吉野ヶ里遺跡や太宰府周辺，宗像大社や宇佐八幡宮を周ってから2泊3日で帰るチームと，そこからさらに国東半島や臼杵に足を伸ばして4泊5日で帰るチームとの2種類があった。

私は一見，非常に社交的に見られるが，実はものすごく人見知りが強い。4年生までずらりと揃った先輩方の中，1年生がたった一人で合宿に参加することにはかなり勇気が必要だったのだが，やはり同じ趣味嗜好で共通性のある仲間が揃っている良さというのだろうか，行きの新幹線の中で既に先輩たちと意気投合してしまった。

もちろん1年生の参加者が一人ということで先輩方も細やかに気を遣ってくれていたと思うが，新幹線の中で予想以上にマニアックな話題で盛り上がり，そのディープな話題に恐ろしいほどブレることなくついてくる後輩がさぞかし皆，面白かったのであろう。新幹線が博多に着いたときにはすっかり先輩方や

顧問の教授と打ち解けてしまっていたのである。
　アスペルガー症候群の当事者は孤立しがちと言われることがある。確かに一人を好む場合もあるが，こうした共通性のある集団の中ではうまく混じり合うことはできることもある。むしろその分野での究極のマニアックさをもって，圧倒的な存在感を発揮してしまう場面もあり得るのである。周囲に引かずに面白い！　と思ってもらえたら楽しい環境に変わる。
　結局，当初私は控えめに選択して4泊5日で帰るチームは遠慮し，2泊3日で帰るチームにいたのだが，すっかり旅が面白くなってしまったことと先輩方の誘いもあり，急遽，4泊5日コースに切り替えることにした。
　しかし，そのときのことを私の両親が後々，語り草にしていたことを思い出す。2泊3日の予定で，余分な旅行支度も十分なお金も持っていないのに，衝動的に旅を延ばすことにした私は，2泊目の夜に家に電話をいれた。当時は携帯電話はない時代で当然，家族割なんてものも存在せず，遠距離電話は学生にとっては高額な通話料がかかるものだった。
　そういうこともあり，私は宿泊先から「コレクトコール」で神戸の自宅に電話して母に伝えた。『あ，私，私。あのねぇ，今，大分やけどね，明日，帰らへんから。合宿の続きに行ってくるわ』というように話した。すでに親の方がパニックになっていたのを覚えている。夜も更けたころに突然に家に電話交換手が電話してきて，九州にいるはずの娘からのコレクトコールを受けるかどうかと聞かれたことで，親はパニックになって何が起こっているのかを，理解することに時間がかかったらしい。しかも明日帰るはずと思っていた娘はいきなり「明日，帰らへんから」などと唐突に言い放つ。
　しかしながら，娘が常に一方的で衝動的で突拍子もないことをしでかすことは，誰よりよく親が知っているので，半分怒りながらもお金は大丈夫かとか，いつ帰る予定なのかなど，普通のことを聞かれたことを憶えている。
　親の心配をイメージすることを私はしていなかったように思う。まずは親の許可を得るように言い聞かされて育ったので，今回もそれは果たしたつもりになり，親のことはすっかり忘れ，私は旅を最後まで楽しんで帰った。さすがに親は心配でそれどころではなかったらしい。
　ADHDは大きくなるにつれ衝動性や多動性は目立たなくなるとはいうが，私は元々の行動のスケールが大きかったせいか大学生になっても，何度も親が目を剥くような衝動的な行動をしていたし，不器用に身体が動くので相変わ

ず怪我も絶えなかった。

　大学はある意味，枠のゆるさがあり少々突飛なことをしても枠から飛び出すことは少なかったものの，時折，親が大学に私の行動の説明に出向かざるを得ないことはあった。それでも，この枠のゆるさが私の長所を伸ばす武器になっていた可能性もあったように思う。

　さていろいろとあったが，考古学研究会に馴染んだ私に，いよいよ夢の発掘現場に入る日がやってきた。1年生から現場に入れることはあまりないことだったようだ。場所は神戸の山手の高地性集落の遺跡である。敵から住居を守るための大きな周濠を備えた遺跡で，遺跡内の高度差も大きく面積の割には起伏に富んだものだった。

　ここから，私は大変な現実に直面する。私は当然，「掘るぞ‼」モードでの参加である。しかし，どうも様子がおかしい。現場に行くとうじゃうじゃと作業員のおじさんがいて，あちこちで土を掘っては一輪車で土を運び，露出した地層を慣れた手つきできれいに削りならしている。どこにも学生の姿はない。そのうち，調査員の責任者や先輩が私たちに指示を出すことになった。

　そして，私は呆然とする。出てきたものはといえば……測量機器だった。小学生の頃から，たくさんの考古学の本を読んできた。遺物の本もたくさん持っていた。しかし，それらの本のどこにも「測量」のことは書いていなかった。何が起きているのか把握するまで，頭の中が真っ白になったことを憶えている。つまり……発掘作業員は大学が雇用しているおじさんたちである。私は大学生なので調査員という扱いになり，おもなる仕事はこの遺跡の測量をして図面記録を作ることであった。

　そう……私は算数障害である。測量の基準点となる数値の東京ポイントや大阪ポイントの話をされ，こちらでは大阪ポイントの方を基準点にするように言われてもピンとこない。平板測量の台の立て方，箱尺の見方，地面の高低を測定する機器のレベルの立て方，図面を作るための機器であるアリダードの使い方を覚えることに非常に苦心する。特にレベルを使って遺跡の高低差を図面に落とすとき，数値を出すためには即時暗算しなければならない。足し算はまだいいが，引き算はきつい。

　また遺跡の断面図である，セクション図面を作るためには，まず水糸を張らねばならないが，その水糸を地面に対して水平に張ることも計算が伴い苦心する。次には張った水糸を基準にしながら，メジャーで垂直交差しながら測って

いくが，目盛の読み落としや読み間違いの多い私には何もかもが楽しくない。おまけに関西の地層は関東ローム層と違って，断面が入り組んでいても土色がはっきりしておらず見分けにくい。

　最後に土の色を土色の表から一番近いと思われる色を選んで記録せねばならないが，そこがまた判断がつかないような曖昧さで苦労する。土色のグラデーションは，見る人によっても微妙に変わってくるようなレベルのことが多いからだ。

　他にもあった。遺跡は平坦ではない。柱穴など小さな穴があちこちにあり，ところどころには大きめのトレンチ（溝）もある。測量しながら後ろへ下がった拍子に，穴に落ち込んだこともある。周囲もあっけにとられたようだ。当時，作業員のおじちゃんたちにはボーイッシュさから「ボク」と呼ばれていたが，穴に落ちた瞬間「あ！　ボクが消えた！」と言われたほどである。ただ落ちるだけならいいが，大切な穴のエッジを踏み抜いて落ちるのでこれまた厄介だった。エッジ部分を石灰で白くマークし，そこを測量するわけなので，エッジが崩れるのはいいことではなかったはずだから。

　フィールドの仕事も苦労したが，遺物の内容整理もまた困難だった。というのも，土器洗いは難しい。誰でもできる作業ではあるが，私に限ってはそうとは言えない。感覚過敏で水を触るのが大嫌いな上に，不器用で力の入れ方もよくわからない。

　須恵器はまだいい。硬質だからいくらバケツの水の中で歯ブラシでこすり磨いても大丈夫だ。しかし，土師器はそうはいかない。私は終わりがわかりにくい人間である。見本でもあればまだいいが，自己判断してくれと言われるとこれまた困る。

　土師器は粘土質の土器なので非常に軟質である。どこまで泥を落とせばいいかわからずゴシゴシしているうちに水を吸って柔らかくなり，しまいにはまるでビスケットが崩れるように，ホロホロと形を失って泥の中に溶け消えていった。ひょっとしたら貴重なものもあったかもしれないが……。

　土器の実測も困った。三次元の土器を測りながら図面を二次元の平面のグラフ用紙にひいていく。しかしその作業も三角スケールなどを使わねばならないし，元々グラフ用紙は読み飛ばしが多いのでマスがわからなくなるし，ひどく時間もかかり，まともな図面は一枚もひけなかった。

　土器の復元もしたが，穴が開いた部分に石膏を詰める作業は不器用な私には

難しかった。実際の土器よりも分厚くぼってりとはみ出してしまい，とても使い物にならないと怒られた。まともにできたのは土器の接合と土器に数字を書くナンバリングくらいだった。

こんなはずではなかったのに……と思いはしたが，それでも憧れの遺跡発掘現場に身を置いて，発掘したてホヤホヤの新鮮な遺物に触れることができる喜びがまさって，苦手な作業ながらも頑張って続けることはできていた。

8　一度目の大学卒業

しかしながら，結局はできないことの方が多い私には仕事の広がりがあまり期待できない。これ以上はもう無理だ……大学3年生の春，10年来の夢を諦めて大学の研究室から離れた。

しかし，次の目標があるわけでもない。歴史学科だから歴史に関わる何かと考えてもあとは教員免状をとるかとらないか。学校の先生は向いていそう……と昔から何を根拠にしているのかわからないがよく言われてきたので，それも考えたが，学校の先生はとにかく転勤が多い印象があった。公立学校で育ってきたので私学の先生になるという発想はない。環境の変化に弱い自覚は多少あったので，学校の先生になる自信もなくそのまま2年間，目標も夢もなくしたまま，アルバイトとバイクにのめりこむ大学生活を送ることになった。

とはいえ，歴史が嫌いになったわけではないので，相変わらずの読書量を誇り，知識だけは負けない自信はあった。ある日『日本死刑史』という本を家で読んでいて，母に嘆かれたものである。「年頃の女子大生がどうして表紙に生首のイラストがあるような本を読んでるの」……いやいや，これが私ですから。

そして，ひたすらバイトし，とにかく本を読みあさり，よくも悪くも自分のペースで生き，大学の単位さえとっておけばとりあえずは問題ない……大学生活の良さは，むしろ夢を諦めた後に感じたような気がする。

ゼミは少々の意地があったので，当時，最も厳しくて入る人も少ないと言われたゼミに自ら志願して入り，あえて考古学ではなく中世史の研究をして論文を書いた。

しかしバブルが崩壊し就職氷河期に転んだ年だったせいもあって，就職活動もまともにうまくいかず，結局何のライセンスも持たぬまま就職も決まらずに卒業し，ただの大卒になって終わってしまった。

そして夢を諦めた後，残りの大学2年間を趣味に生きた中で出会った人と結婚した。それが今の主人である。

9 再び大学へチャレンジ

そして，15年が経ち……私は再び，大学に入学した。37歳になっていた。

15年前と違い，私は発達障害の当事者と診断され，発達障害があると診断された息子が2人がいる主婦になって，大学という場所に戻ってきたのである。

一度目の大学は通学部の文学部史学科だった。二度目は通信教育課程の発達教育学部福祉臨床学科精神保健コースで，全くの畑違いといっていい。

私は精神保健福祉士になるために決意してもう一度大学に入った。発達障害と診断がつくかつかないかの人生のどん底真っ暗状態の私を光に向かって一緒に歩いて導いてくれたのが，精神科の精神保健福祉士だった。

思い立ったら吉日の特性のせいもあり，半ば衝動的ながら，精神保健福祉士になる‼ と言って3年次編入での入学である。

一度目とは違い，大学の費用は自分で働きながら払い，さらに母，妻，嫁，主婦をしながらの大学生活である。

一度目も二度目も自己選択での大学進学ではあったが，目標も意味も全く違っていたと思う。またそれだけではなく，「学生生活」の環境も全く違っていたのである。

(1) 通信制の特性に戸惑う

通信制ということはもちろん，ある程度は理解しての入学ではあったが，いつもながらイメージが薄いというか，想定が足りていないのは私の特性だと思い知らされる。

1年目はただただ戸惑うばかりで，とりあえずスクーリングの授業ばかりとって学科だけの単位はほとんど取れなかった。

しかし，スクーリングは楽しかった。学生とはいっても大半は私と同じくすでに社会の一員となっている人で，思いも共有できるし，すでに福祉分野で働いている人も多くて会話も盛り上がった。何とかそこでモチベーションを維持できた。

が，3年生の後半でどうもくじけてきた。

毎日，学校に行くわけではないし，指導教官もいないし，自分の生活の中のどこかの時間で勉強をしなければならないことに戸惑う。

その勉強の時間やきっかけをどう作り出せばいいかわからない，そしてついついぎりぎりまで課題を持ち越してしまう。レポートの提出期間は毎月月初の数日間だけでいつでも出せるわけではないので，提出有効日に向かって計画的に勉強して1教科につき2000字前後の課題を約4本書かねばならない。何しろ，4つの課題レポートの提出と合否が出そろっていないと単位認定試験が受けられないので，できるだけ1教科をまとめて出していかないと，いつまでも試験が受けられないのである。実に計画性や見通しを求められるわけだが，そこで非常に苦労した。

(2) 休学へ……

そして思いがけないことに見舞われる。大学に入学した直後に姑が亡くなり，姑が丸抱えで世話をしていた主人の実家の認知症の舅，独身で病身の義兄のことでいろんな困難に直面する。それこそ，精神保健福祉士のお世話にならねばならないことばかりだったが，現実は厳しい。なかなかうまく解決できない日常に向き合って，精神保健福祉士の教科書に書いてあることや事例は全てきれいごとに見えた。「現実はこんなふうにいかないじゃないか‼」と言って，腹が立って精神保健福祉概論の教科書を投げ捨てたこともある。

さらなるイレギュラーが起こる。10年ぶりに子どもを授かったのである。さすがに妊婦で学生はできないのでやめるかどうかの結論は先に延ばして，1年休学した。

(3) もう一度やってみようか

しかし，休学した1年は舅，義兄のことで大変な苦労をした。そこで，やはり精神保健福祉士は大切な存在と実感する。確かに教科書はセオリーばかりかもしれないが，それを知っていないと何がスタンダードなのか判断がつかない。仕事をする上で必要なことと理解して私は復学を決意した。

復学した直後に舅が亡くなり，独身病身の義兄と乳飲み子と発達障害がある2人の息子と鬱状態の夫と講演の仕事を抱えて，私の波乱の大学生活は続いていく。

復学してやはりレポートの壁にぶち当たる。しかし三男をおんぶしながら，

時にはお行儀は悪いがあぐらをかいてそこで三男を寝かせながら課題レポートを書き，移動中の新幹線の中でも必死で書きまくった。

　私は精神保健福祉士の受験資格をとるために入学したので，卒業要件を満たすだけでは足りないのである。資格取得コースに入れるかどうか，その単位を満たして判定を受けなければならず，さらに実習にいくための要件も満たさねばならない。いったいどれだけのハードルがあるのかと思ったが，ここまで来たらやるしかない。それはもう必死だった。

　レポートも先生によって採点の仕方が全然違うし，漢字にこだわる先生もいれば字数にこだわる先生もいるし，とにかくクオリティにこだわる先生もいるので，これまた困る。特に先生が求める答えをどう書けばいいのか察しがつきにくい。元々，そういった意図が見えにくくて困るのが特性なのでシラバスに書かれた内容から悩みに悩みぬいた。

　そして通学時代と大きく違うことは，通信だと先生の顔が全く見えないことである。通学であれば概ね先生の顔を見ているので雰囲気がなんとなくわかることもあるが，会うこともないのでさっぱりわからない。それから質問しようにも直接質問するすべがなく，郵便かFAXと言われそれもタイムリーに答えをもらえるかはわからないという。答えられる内容も必然，限られるとのこと。それではどうしようもないので独学でいくしかない。わからなければ，必死で自分で調べるのみである。

　幸い，レポートの成績は悪くなく，不合格で再提出になったのは二回だけである。不合格になると再提出で，資格要件に必要な科目だと認定期限の前に修了して試験にも合格しておかないといけないのである。

　しかしさらに困ったことは単位認定試験である。

　とてつもなく分厚いテキストからたった1問しか出題されない。出題範囲のヒントもない。スクーリングのない教科だと先生に会うこともなく，ヒントもなく，全てを覚えきれないとすれば，とにかくヤマをはることしかできないのである。

　また，その単位認定試験はほぼ月に一回しか受けられず，一回に受けられるのは3教科のみなので，これも先を予測しながら受けて合格していかないと，実習の認定までに間に合わない。もしも不合格だと手続き上，2か月くらい先にならないと再試験が受けられない。恐ろしいような戦いに思えた。

　通信制は相当きついだろうとは思っていたが，さすがにここまでだとは思っ

ていなかった。私のような特性をもつ人間だとなおさらだ。そして，残念ながら大学での発達障害学生支援は影も形もなかった。何かしら個別的な部分に対して支援を求めるには診断書を出して教授会で審議してから……ということだった。

　しかし，なんとかどうにかこうにか，実習を受けるところまでたどり着いた。奇跡に近かったと思う。そして，地域の障害者地域活動支援センターと精神科病院の2か所に実習に行くことになった。これも当時は自己開拓が基本条件で，苦手な電話で脂汗をかきながら，恐る恐る実習依頼の電話をしたことを憶えている。

(4)　実習を経験して

　2か所に実習に出ることを認められ，実習担当でようやく教員の先生がついた。1か所に絞るか2か所に行くかは学生が決めて許可をもらうのだが，2か所に行くということは申請書類も実習計画も実習記録も報告書も全て2つずつ提出になるので，学生の多くは1か所実習だった。

　私はこういうことになるとこだわるので，茨の道とわかってはいても譲れない。そして実習に行きつつも他の単位も取らねばならないので，並行して教科勉強もせねばならない。

　おまけにこの頃に私は社会福祉士の受験資格も取ろうかと考え出していたので，それにかかる単位をさらにとって認定要件を満たして判定を受けなければならなくなり，負荷は増すばかり。もっと早くに決めておけばよかったのだが，計画性に乏しい上に衝動性があるのでいつの間にか大変になるのはいつものことだった。

　実習そのものは本当に勉強になったし，そんなに困ることはなかった。むしろ利用者，または患者の中に入るとうまく適応してしまうので，病院ではナースステーションの目の前にいるにもかかわらず，実習生はどこにいますかと放送がかかったり，入院患者と馴染み過ぎて話が盛り上がってしまい，もっと静かにしてくださいと注意されることもしばしば。

　実習で最も困ったのはよくある話だが，実習日誌だった。その日の記録をするのだが，最初の方に述べたように私は書字がどうにも苦手である。レポートに関しては診断書を出すことで手書きではなくPCを使う許可を得ていたが，試験と日誌だけは手書きだったので，困難を感じていた。

まして実習が終わって帰宅すると家事育児が待っていて，とても日誌に時間をかける余裕もない。

それでも何とか書き上げて実習先に毎日，日誌を提出するのだが，担当の指導員さんの中にはそこを非常に重視される方もいるので，もっと字を丁寧にきれいに書くようにとか，句読点の位置がよくないとか，文章の切れ目がなさすぎるとか，注意の付箋がついて返ってくることもあった。何とか努力はするのだが，こういうところは診断を受けていても障害をオープンにしていても，対応が大変だと，正直思ったことを憶えている。

しかし，実習指導をしてくださった先輩方の熱意，指導教官の思いやりに支えられて，精神保健福祉士実習は評価もしっかりいただいて，非常によい結果を出すことができた。あとのお礼状や報告書なども苦心したが，判定も合格して無事に精神保健福祉士の国家試験の受験資格を手にすることができた。

必修単位の計算を勘違いしていたこともあり，社会福祉士の受験資格をとるために1年余分に大学に残る羽目にはなったが，通信制生活も長くなって，レポートと試験のバランスの見通しもついてきていたので，その後は順調に進んだ。教科の実習の単位も認定も無事に得ることができた。慣れもまた大事かもしれない。社会福祉士の実習は日ごろからお世話になっており，日ごろから尊敬している相談員さんたちのいる地域の生活支援センターでさせていただいた。ここでも実習自体は順調だったがやはり日誌に苦労する。書きたいと思うことがなかなかうまくまとまらず，字もきれいに書けないし，再びしんどい思いはしたものの，そこが問題になる場面はなかったので，なんとかクリアし，受験資格を得て卒業判定を受けるところまでたどり着いた。

介護の専門学校に行って日誌でつまずく人，大学でノートテイクに困る人，いろいろなご苦労をお聞きするが，そこは私も同じだと改めて実感したものである。

(5) 念願の国家試験へ

その後，年明けの国家試験で2資格の受験をした。私にとっては恐ろしく過酷な試験だったが，その国家試験の会場にたどり着いたことだけでもひどく感動したものである。

そして勉強不足ではあったが，精神保健福祉士資格には合格することができた。それはきっと最初の段階で非常に遠回りはしたが，その分だけ学べていた

からなのだと思う。まっすぐ目標にたどり着けないとイライラしたり，モチベーションも落ちるが，しかし確実にその分だけ自分は学びを得ているのだと実感したものである。

しかし，国家資格試験に合格しても大学の卒業判定で落ちれば取り消しになってしまう。国家試験の合格発表以上の緊張感で判定を待った。胃の痛い毎日の連続だったと思う。一度目の大学時代の自分ではまずこんな負荷は無理だったのではないかと思う。

幸い，大学の卒業判定でも合格して，足かけ5年にわたる大学生活を終えることができた。早い人なら2年で修了した道を私は倍以上をかけて歩いたことになる。

長かった……ただただ，長かった。いつまで私は大学生のままなんだろうと思ったこともあったが，当初の目標通りに精神保健福祉士資格をもって卒業することができた。社会福祉士試験はまた再チャレンジする予定である。

(6) 振り返って思うこと

二度の大学生活を経験して感じることをまとめにしたいと思う。まず障害学生に対しての学内支援であるが，一度目は当然ながらそういった概念のない時代のことで不安に対して特別に配慮ということはありえなかった。

二度目はだいぶ概念はできてはいたものの，大学内で一つの支援のカテゴリーとしてはまだ確立されていなかったので，ひとつひとつの困難性に対して説明して診断書を出して教授会を待って……と，少々，手間のかかるものだったことは否めない。それでもPCを利用するなど，具体的な配慮を得られたことは助かったと思う。

こういったことが，もう少し簡略化されて，誰しもが申し出やすい環境があれば，当事者である学生も一人で悩まずにどう解決すればいいかを考えることができると思う。

次に意識の問題についてである。

一度目の大学生活ではマニアックな道を究めようとして，知識と情報不足でできないことに直面して挫折した。今思うと，挫折するには早かったような気がしている。思いが足りなかったということもあるし，見通しもついていなかったことで，モチベーションが保てなかったのかもしれない。

しかし，二度目は違った。一度目の大学生活以上にわかりにくい大学生活の

中で，クライシスに襲われはしたものの，一度は諦めかけもしたが，それでも強い願いと意識があったこと，自分で働きながら学費を支払っているという部分と，ここで辞めたらまた自分は同じ失敗を繰り返すのかという気持ちでもって，歯を食いしばって学びぬいた。

今にして思うが，次々に立ちはだかる判定や認定があったのがかえってよかったのかもしれない。一個，一個，達成することで自信を積んで，そして大きな達成感につながり，最終的な目標にたどり着けたこと，そして福祉学科ということで卒業後の仕事の見通しも非常に立ちやすい。一度目のときは史学科を出たら「企業の総合職」というルートが一般的で，しかしこれが私にはとてもわかりにくかったからである。

精神保健福祉士資格をとり，発達障害にかかわる仕事の幅をさらに広げたい思いをもって選んだことで，卒業後のことも考えやすく，モチベーションを保つことができた気がする。

こういった経験を踏まえて考えると，学生が困難に直面したときに必要な支援とは何かと言えば，学生が折々に後ろ向きにならず，タイミングよく適切な支援を受けることで安心して勉強できる環境の調整であると思う。それが学内支援に期待したいところである。

また卒業後の自分が社会の中でどう生きていくのか，大学に来たことで何ができるのか，具体的にイメージができることは大事だと思う。

例えば大学にいながらにして現場にほぼ4か月，じっくりと実習に行ったことが私は今，特に役に立ったと実感しているので，在学中から卒業後の生活を経験・イメージできるような場面を意図してもてるような，そういう機会があればなおさら，よいだろうと思うのである。

発達障害者への支援の目線はできないことばかりに向きがちだが，そうではない。発達障害のある人はむしろ好きなことには人より敏感に物事を察知して，深く考えることもできるのである。長所や強みを考える上で枠にはまれない特性だからこそ，枠がない大学だからこそ深い学びを目指して活かせることもきっとあると思う。ただ，そのガイドをいつもいつでもしてくれるような存在や環境が身近に，自然にあることが望まれるのではないか……と二度の大学生活を通して感じているところである。

第10章

家族の立場から

脇坂奈央子

1 大学進学決定までの我が家の顛末

　発達障害をもつ息子が，どのように大学進学を決め，大学生活で何に苦労し，何を楽しみ，何を得ることができたか，母親の立場から見えてきたものをお伝えしたいと思う。

　息子はまだ在学中でもあり，留年も経験し，決して順調に進んできた訳ではない。残念ながら成功談ではないが，その悪戦苦闘ぶりから，進路選択や大学へのアプローチの仕方等の参考にしていただける部分が少しでもあれば……との思いで，息子の了解を得てありのままを記した。

(1) 息子，大学に行きたいと言い出す

　高校3年の春，息子が「大学に行きたい」と言い出した。学校で進路調査の用紙を配られたのが発端らしい。ASD（自閉症スペクトラム障害）の特徴がかなり強く，ADHD（注意欠如多動性障害），視覚認知障害と書字障害のLD，DCD（微細運動・協調運動ともに苦手）も併存，との評価を受けている「かなり色濃い発達障害」の息子である。IQは，最初，70そこそこだった。

　保育園時代から加配の保育士さんが付き，小学校入学は1年遅らせようかと悩んだほどだ。市の教育長に嘆願書を出して，2年時からは「通級教室」を開設していただき，それが功を奏して，何とか自席に座れるようになってきたような彼が，である。もちろん，自分が「自閉症」という診断を受けていることも十分承知している。

(2) 母，正論を説く

「大学とは，学問をするところである。高校までの"習う勉強"とは学びの質が根本的に違う。大学は本気で学びたい人だけが行く所。あなたが学びたいのは，大学でなくてはできない学問なのか？」母である私は，大学を高校の延長でイメージしているのではないかと危惧し，大真面目で正論を説いた。

それに対し彼は，少しもひるまず，「病気予防や治療に役立つ薬を創る，薬学が学びたい。化学は好きだから，専門的な勉強をして資格を取って，その分野で働きたい」と，とつとつと語る。

「うーん。困った。どうやら本気らしいぞ」と困惑する母。発達障害のため幼い頃から定期的に病院に通い，多くの専門家に接し，助けられてきた彼が，そういう道を選択したくなる真意・気持ちが分かるだけに，深く心に響いた。

だが，その頃よく耳にしていたのは「なまじ学歴がつくとプライドだけ高くなって，かえって就労できない」という，「高学歴デメリット説」だった。

(3) 母，脅しにかかる

「仕方ない。まずは脅してみよう」性悪の母は，即座にそちらを採択した。その脅しの内容は……

・認知障害等があることから，定型発達の人と比べて，そもそも入試突破が非常に困難なこと
・大学卒業までの単位取得も，困難が予想されること
・それらを万が一，膨大な努力で乗り越えても，就労に結びつけることがさらに難しいこと

そういった「ネガティブ情報」を，紙に箇条書きにして示しながら，こんこんと話して聞かせた。親としては，何ともつらくて苦しいプロセスだった。

つまり，「通常に倍する努力をして，大学進学・卒業をしても，あなたのその努力は無に帰する可能性大ですよ」という，とてつもなく残酷で，理不尽な話をトコトンした。

「6年後，同級生が薬剤師として次々就職内定していく中で，あなただけ，障害者職業訓練所に通うことになっているかもしれない。資格が取れても，そ

の仕事に就けるかどうかは，わからない。かなり難しいと思う」
　そこまで話した。
　「それでも進学したいの？」「それでも進学したい」ここまで脅しても，彼の決意は変わらない。正直，大学進学が適切な方向なのかどうか全く判断はつかない。職業訓練は早く始めた方が効果的，という専門家の声もよく聞く。
　「専門職に就けなかったら，どうするつもりなの？」
　「障害者手帳を取って，職業訓練を受けて，自分でもできる仕事で頑張って働く」そこまで，覚悟の上なのか……と，ズシンときた。
　「お父さんとも相談するから」ということで，その話はひとまず保留とした。その晩は「何の罪もない彼にあんな酷いことを言って」と，涙で枕を濡らした。

(4)　母の本音

　リスクが高過ぎるからと，進学をあきらめるよう説得する方法も十分あったと思う。むしろ，親なら説得すべき，という意見が大勢を占めるのかもしれない。でも，「就労に結びつかない勉強は，しても意味がない」とは，どうしても断言できない自分がそこに確かにいた。

　「学びたいなら学べば良いじゃないか」「学ぶことの楽しさを堪能する6年間を経験することが，彼の人生を豊かにするなら，それで十分じゃないか」「何と言っても彼の人生なのだから，彼がしたいようにするのがベストなはず」そんな思いが湧いてくる。

(5)　父の反応

　「本人がそうしたいと言うのなら，できるところまでやらせたら？」彼の父は，いつもながらの楽観的な反応。
　彼とも話をして，「薬学部，いいんじゃない？」などと言っている。
　父親って，いつもイイトコドリばかりである。全くもって，ズルイである。

(6)　17歳の息子に求めていたもの

　様々な困難さを抱えながらも，息子には「自己理解・自己決定・自己解決」これができるようにと思ってサポートしてきた。
　もちろん，この「自己解決」は，自力だけの解決でなくて良い。適切な援助

要請と，援助授受ができれば十分だ。これは，発達障害があってもなくても，誰でもそうなのだから。人は一人では生きられない存在だ。

あれだけ脅してもひるまないということは，自己理解の上での自己決定なのだろう。望み通りにいかなかったときのことも，覚悟を決めているようだし，自己解決への姿勢は認めてやるべきだ。

不安でいっぱいだが，奨励してきた「自己決定」を，ここでだけ否定するのは，アンフェアだ。もう腹をくくって，彼の思いを全面的に応援しようと決めた。

ただし「チャンスは一回だけ。浪人は許しません」と，彼には告げた。「わかった」と，嬉しそうに言う息子は，この先の大変さを認識しているのかはなはだ，母は心配である。

「おーい！ 入試っていうのが，あるんだぞー！」

補足であるが，発達障害をもっている場合，自己理解が「甘い」場合が多い。障害告知を受けていても，高校で適切な支援を受けているほど，定型発達のクラスメイトと同じ程度にできている気になってしまいやすい。

高校までと，大学では，環境が全く異なり，要求される主体性の程度に雲泥の差がある。高校の延長で大学の学業をイメージするのは危険である。

是非，しっかりと本人に認識させ，考えさせ，覚悟させてからの決断としてほしい。あくまで「自己決定」で，その結果を引き受けるのも自分自身であることを学ぶ「自己成長の機会」として活かされることを望む。大学進学を決めるにあたって，以下のことを確認してほしい。

・本気で「学問」をしたいのか？
・特性から生じる「困難さ」を的確に認識しているか？
・うまくいかなかったときは，どうやって生きていくのか？

2　大学選択で考えたこと

(1) 学部・学科選択

学部・学科選択においては，「薬学部」と本人が決めてしまっているので，それは決定済みであり，悩む余地はなかった。

工学系が向くとか，経理系，意外と法学系もいいとか，いろいろな意見を聞くが，その方の興味関心と特性の凸凹具合によって違ってくるので，発達障害

に向いている学部・学科というのは、実はないような気がしている。

あまりに基本的過ぎて申し訳ないが、「好きなこと・得意なこと」が、まず必要条件で、そして後述の(2)〜(4)のように、十分条件の部分が大丈夫かを、チェックしてみるというプロセスになるかと思う。

(2) 不器用さの問題（ボトルネックの確認）

彼の場合、手先の不器用さと、対人コミュニケーションの硬さ、臨機応変の対処能力の弱さがネックのように感じた。

後者2つは、大学6年間の専門教育の中で、専門職として要求される範囲での力を育てていける可能性がある。まずは、「手先の不器用さ」が、ネックであるように思った。

それで家でやったのが、こんな遊び。お皿にお米粒を入れて、素早くお箸で全部を隣の皿に移す。小学生の頃の不器用さとは段違いに、スムーズにできていて、ホッとした。紙の上に塩を盛って、こぼさずに小皿に移せるかなど、化学実験でやりそうな作業のまねごとも。

発達障害児もしっかりと発達していくのである。心配していた凹部分もそれなりに成長していることが確認できたのは幸いだった。

(3) 大学選び

まず考えたのが、受験科目である。彼の場合は、国語の成績が凹だった。漢字や文法問題は得意だが、読解問題が「大いに難有り」だった。これは半年やそこらで改善するのは難しそうであるし、そもそもＡＳＤタイプがどう頑張っても限界がありそうに思われる。

彼に「どう思う？」と聞いたら、やはり「国語は厳しい」との返答。

薬学部の場合、私立大学は、英語・数学・化学の3科目受験で、国語は受験科目から外せる。この時点で、私立大学に必然的に決定した。

幸い、隣の市に薬学部のある私立大学があった。オープンキャンパスに親子で出向き、資料など頂戴し、息子は「気に入った」とのこと。薬学部だけの独立キャンパスで、広過ぎないという点もよかったようだ。

一応、薬学部進学雑誌を読ませて、特に魅力を感じる大学はあるかを確認したが、「〇〇教授に師事したい」というようなこだわりはないようで、結局、「近いところがよい」という無難な選択となった。

彼の要領の悪さから，学業に通常の倍以上の時間を要すると思われたので，時間的・体力的に，確かに「近いのが一番」と判断した。そして，その予想は，入学後，見事に的中することとなるのであった。

我が家の場合は，このように易きに流れ，「自宅通学」を選択したが，大学進学にあたって，親元を離れ，一人暮らしをされる方も多いと思う。

それは，自立スキルを磨く素晴らしいチャンスでもあるが，自立生活力を入学までに身に付けさせるのは，大変なことだと思う。必要な生活スキルについては，『自立生活サポートチェック表』などの利用をお勧めしたい（東京LD親の会連絡会，2010）。

健康管理・安全管理・金銭管理・時間管理は必須だが，目をつぶれるところは目をつぶって，できれば生活面の社会的支援（発達障害者支援センター，障害者就業・生活支援センター等）も受けながら，できるだけ負担を軽減させる工夫を積極的にされるのが望ましいと感じる。

二次障害予防のためにも，その地域の専門機関に繋げておくことは是非，考えていただきたい。

(4) 支援情報

残念ながら，当時（2009年）は，各大学の発達障害をもつ学生に対する支援体制の情報がほとんどなかった。支援体制の整った大学を選ぶ……というより，支援体制がなければ作ってもらおう，というつもりでいた。保育園・小学校・中学校・高等学校と，移行のたび，「初めてです」と言われながらも何とか配慮・対応を得てきたため，大学でも同様に……という思いだった。2005年に発達障害者支援法が施行されているのだから，「何とかなるはず」とも考えていた。

3 受験に向けての準備

(1) 入試方法

受験に向けての準備とくれば，言うまでもなく「受験勉強」である。

我が家の場合，推薦入学やAO入試は，一切考えなかった。「入学試験」という学力検査をしてもらい，合格判定をもらわなければ，かえって不安で送り出せない……というのが正直な思いである。ハズミで入ったが学力不足……で

は，ただでさえ困難さがあるのに，挽回しようにも，あまりに負荷が重過ぎて，精神的ダメージだけが後に残りそうで怖かったのである。

(2) 受験勉強って，何するの？

中学・高校時代で，宿題や予習は，すで既に彼の「こだわり」になっていたので，それに加えて「受験勉強」というのもやるのだ……というスイッチは簡単に入ったようだ。

ただ，「受験勉強」として何をすればよいかが分からないのである。「定型発達」の高校3年生なら言わなくても分かるような「当たり前」「常識的」なことこそが分からない。放っておくと，ひたすら教科書を繰り返し読み続けたりしかねないのである。

教科書を読むだけで全てが頭に入ってしまうスーパー記憶脳タイプならよいが，彼の場合はそうではない。特に，重要事項と瑣末事の区別が苦手である。いわゆる「中枢性統合の弱さ」であろうか。

「受験勉強」では，「入試問題」によく出る箇所を把握し，そこを確実に得点していかなければいけない。だがそこは，何ともうまくできたもので，「入試」によく出るものは，取りも直さず，ほぼ「重要箇所」なのである。

そこで，「過去問」を繰り返し解く，という「受験勉強」法を彼に提案した。時間はかかってもよいから，とにかく，1回分の「過去問」を解く。そして，答え合わせをし，理解できないときは，参考書を読む。それでも分からなければ，高校の先生に放課後，聞きに行く。それをひたすら繰り返すだけである。

それによって，「入試問題」の形式に慣れることと，「重要箇所」を効率よく学習することができた。「ヤマをかける」が最も苦手なので，それをしなくてすむのが楽だったのか，流れの単純さが気に入ったのか，彼の「こだわり力」が存分に発揮され，その方式を淡々と入試前日まで続けた。

大学入試センター試験と志望校の「過去問」5年分くらいを，繰り返し解いては，解答チェックし，参考書などで弱点補強していく。今は，センター試験の点数で代替する「センター方式」が，私立大学でも一般的なので，センター試験の「過去問」は，フル活用させていただいた。バランスの取れた良問が多く，追試用もあるので，量的にも十分だったように思う。解答用のマークシート用紙をどっさりコピーしたことを思い出す。

(3) 受験勉強のペースづくり

「自己決定」を推奨する我が家ゆえ，受験勉強のペースも「自己決定」である。親はいちいち口を出さない。だが，「表(ひょう)」を出すのである。

ＡＳＤ特有の視覚刺激に魅かれるところを狙って，小学生の頃から，何かと計画表や達成表を作っては壁に貼り，予定を確認したり，成果に満足したり，「表」をいろいろな形で利用してきた。彼にとっては，「表」は安心できる片腕のようなツールとなっていた。

そこで，「過去問」練習計画用の「表」を渡した。そうすると，自動的に記入したくなってくるのである。そして，彼はそれを全うする。集中力が続かない彼は，途中で休憩を取る。それも「備考」欄に記入した。タイマーを使ってここまでは頑張るなど，彼なりに工夫をしていたようである（図10-1）。

ただ，予定をびっしり埋め過ぎにする傾向があるので，「1日に2科目がせいぜいじゃない？」「予備時間や予備日も入れてね〜」と，風の音のようにささやいて，スッと立ち去る。そのぐらいの軽さが，「自己決定」感を強めてよいようである。それなりに反映させてくれたようだ。

| No. | 日付 | 科目 | 年度 | 得点 | | | 所要時間 | 備考 |
				化	英	数		
105		化・英・数ⅠA・数ⅡB						
106		化・英・数ⅠA・数ⅡB						
107		化・英・数ⅠA・数ⅡB						
108		化・英・数ⅠA・数ⅡB						
109		化・英・数ⅠA・数ⅡB						
110		化・英・数ⅠA・数ⅡB						
111		化・英・数ⅠA・数ⅡB						
112		化・英・数ⅠA・数ⅡB						
113		化・英・数ⅠA・数ⅡB						
114		化・英・数ⅠA・数ⅡB						
115		化・英・数ⅠA・数ⅡB						

図10-1　過去問計画表

		8:00	9:00	10:00	11:00	12:00	13:00	14:00	15:00	16:00	17:00	18:00	19:00	20:00	21:00	22:00
10月25日	金	学校	→	→	→	→	→	→	→	数Ⅰ・A	→	→	夕食	化学	→	英語
10月26日	土					昼食	数Ⅱ・B	→	英語	→	英単語	〃	化学	→	英語
10月27日	日	朝食	数Ⅰ・A	英語	→	昼食	化学	→	数Ⅱ・B	→	休憩	英語	→	英単語	→	化学	→	英語
10月28日	月	学校	→	→	→	→	→	→	→	数Ⅰ・A	→	→	〃	化学	→	英語
10月29日	火	〃	→	→	→	→	→	→	化学	→	→	→	〃	数Ⅱ・B	→	英語
10月30日	水	〃	→	→	→	→	→	→	→	数Ⅱ・B	→	→	〃	化学	→	英語
10月31日	木	〃	→	→	→	→	→	→	化学	→	→	→	〃	数Ⅰ・A	→	英語
11月1日	金	〃	→	→	→	→	→	→	→	数Ⅰ・A	→	→	〃	化学	→	英語

図10-2　時間管理表

　毎日の時間管理表と組み合わせて，受験勉強のペースができていった。もちろん，これも「自己決定」で，彼が自分で書く。こだわりのある彼は，それを全うするのが，安心で快感なのである（図10-2）。スローガンは「こだわり力を活かせ！」である。

　貼ってある「過去問計画表」で，所要時間が徐々に少なくなっていくことや，正答率が上がっていくことが，目で見て分かる訳である。表を眺めて，「英語の時間，短くなったね」「数学の正答率，上がってきたね」などと，言ってみるのだが，どの程度彼の耳に届いていたのかは定かではない。他者評価より，彼にとっては，「自己評価」が大切なのだろう。まあ，それで自己肯定感が上がってくれれば，何よりである。

(4)　結果

　3科目に絞ったおかげか，シンプルなやり方をひたすら続けた成果か，偏差値もジワジワ上がり，無事に志望校に合格を果たした。

　受験当日も，特に緊張するというようなこともなく，いつもの「過去問」を解いている感覚で，こなしてきたようだった。

　合格通知に，本人は当然のような顔をしていたが，母は「これからが本番だ。えらいこっちゃ！」と，眠れぬ夜を幾晩か過ごすこととなった。

4 入学式前にしておくこと

(1) 高大連携

入学式前にしておくこと。これはもう,「高大連携」である。どうしたものかと,頭を悩ませていたところ,幸い,高校の理科の先生が,入学先の大学の別学部の先生を紹介してくださり,その方を介して,入学前に大学に息子と訪れる機会を得られた。忘れもしない,3月11日(水)14時である。

(2) 事前会議(本人の意思確認)

いよいよ大学生となれば,いわゆる「大人」である。発達障害があってもそれは同じ。親は,保護者というより,通訳・協力者のスタンスとなる。したがって,自分のことは本人に決めさせ,親は本人の要請に応じる立場となる。親が本人に断りなく無断で動くことはご法度と,しかと心得る。

まずは,障害のことをどこまで言うか,誰に知っておいてもらいたいか,それを,彼に聞いた。

彼は,「苦手なところと,配慮してもらいたいことを伝えたい。そして,それを全部の先生と全部の職員の人に知っておいてもらいたい」と答えた。

知られることのデメリットも説明したが,「隠すより,分かってもらって,安心して学びたい。それと,こういう障害をもっている学生がいることを,後に続く人たちのためにも知っておいてもらいたいんだ」と言い切った。

「後に続く人たちのためにも」という言葉は,彼が小さい頃から,交渉事のたびに,私が言ってきた言葉だった。小さくても,聞いていないようでも,聞いているのだ……と,身の引き締まる思いがした瞬間だった。そして,彼の中に「パイオニア精神」を感じた。

そういえば,以前,こんなことも言っていた。

「僕のしてきた苦労を,何とか世の中に活かしたいんだ」

発達障害をもつ人には,その人ならではの貢献の仕方や使命があるのだろう。もしかしたら,それが彼の頑張りの支えともなっているのかもしれない。

(3) 大学訪問

　指定された学生相談室を訪ねると，大学の薬学部長の教授，学生相談室カウンセラーの先生が会ってくださった。「発達障害があるとカミングアウトしてきた学生は初めて」とのことであった。
　高校の理科の先生も同席してくださったのは，とても心強く，ありがたかった。高校の先生が，さらりと息子の高校での様子を話してくださり，「非常に真面目で素直な生徒なので，丁寧に指導すれば伸びていく学生でしょう」というような導入をしてくださり，学部長からは「合格させた以上，しっかり力をつけてもらうのが，大学の責務です」という，力強いお言葉を頂戴して，感激した。
　「どうぞよろしくお願いいたします」と，息子の特性と，お願いしたいことを箇条書きにした紙を学部長教授にお渡した。そして，「全教員の方と全職員の方に周知徹底してほしいと息子は申しております」と伝えた。
　その「お願いリスト」が以下のものである。これは，息子に聞き取りしながら母が作ったものである（図10-3）。

お願いしたいこと
・ボイスレコーダー使用許可
・質問への対応
・口頭指示だけでなく，メモ等の視覚指示の併用
・履修登録等の事務手続きの確認への対応
・シラバスの事前配布（予習することで混乱を防げます）
・実験手順の事前配布（予習することで混乱を防げます）
・講義資料の配布
・レポートや課題内容の確認への対応
・作業が遅い場合は，時間延長や，再練習の機会
・指示は「クールに，具体的に，簡潔に」お願いいたします。
　　　　　「熱く，抽象的に，冗長に」だと，理解できません。
・もし可能でしたら，院生の方などにチューターになっていただければありがたいです。

図10-3　お願いリスト

この紙を見て，学部長教授は「ボイスレコーダーは問題ないでしょう。あとは個別に各先生にお願いすれば……」

「え，個別にお願い？　誰が？？」と，ここで母は引っかかったのだが，初対面でもあるし，躊躇していた。

すると学部長教授が，おもむろに息子にお声掛けなさった。

「大学生活で，特に聞きたいことはあるかい？」

なんと，ここで息子はこう尋ねたのだ。薬学部学部長の教授様に！

「提出するレポートは，A4ですか？　B5ですか？」

小学校の頃から，参観日はいつも「穴があったら入りたい，いっそ穴を持ち歩きたい！」と思っていた母だが，このときばかりは，思わず「でかした！」と喝采しそうになってしまった。

「あんなに難しい化学や数学の問題が解けるのに，学部長様に，よりによって，こんなトンチンカンな質問をしてしまう。これこそが発達障害なんですよ！」と。

学部長教授は，目を白黒させて「それは先生によって違うから……」と，律義に答えてはくださっていたが，「？？？」マークを頭上に飛び回らせているように見えた。

5　4月を乗り切れ！

(1)　オリエンテーション

オリエンテーションでは，紙の資料が配られるので，視覚優位の彼は，特に問題はなかったようだ。ただ，「親睦のためのグループ・フリートークタイム」に困ったとのこと。話しかけられれば応じられるが，自分から話しかけるのがまだまだ難しい状態だった。

(2)　履修登録

まずは，渡されたシラバスの分厚さに驚愕。時間割表もこれまた巨大。ただ，幸いなことに，1年次はほとんどが必修科目でぎっしり埋められ，選択できるのは教養科目4コマほど。それも2択程度。選択の余地の少ない方が悩まず済んで楽だった模様。

履修登録は，時間割案を自分で書き，それをクラス担任の先生に確認してい

		1	2	3	4	5
前期	月	9:00～10:30 心の探求 上野 512	10:40～12:10 ドイツ語Ⅰ 大塚 522	13:00～14:55 物質の状態と エネルギー 神田 831	15:05～17:00 コンピュータ リテラシー 品川 822	17:10～19:05 基礎化学 目黒 511
	火	9:00～10:30 英語Ⅱ ブラウン 522	10:40～12:10 英語Ⅰ ホワイト 532	13:00～14:30 経済学 渋谷 512	14:40～16:10 健康体力論Ⅰ 田端 822	16:20～18:15 基礎生物学 大崎 511
	水	9:00～10:30 微分積分と その応用 中野 512	10:40～12:10 生命科学入門 三田 512	13:00～14:55 化学結合論 春日 512	15:05～17:00 薬用植物学 市川 512	
	木	9:00～10:30 スポーツ科学 実技Ⅰ 千葉	10:40～12:10	13:00～14:30 早期体験実習	14:40～16:10	
	金	9:00～10:55 薬学への 招待Ⅰ 成田 651	11:05～12:35 人の歩み 白山 512	13:25～14:55 物理学実習 本郷・根津・湯島	15:05～16:25	

図10-4　時間割表

ただくシステムになっていて，それはありがたかった。

　そうしてでき上がった彼の時間割表が図10-4である。最初は母が作り，そのファイルを元に，以降は彼が更新して使っている。時間帯・科目名・先生のお名前・教室番号がひと目でわかる。これをバインダーノートの表紙に貼って，1日のスケジュール確認がいつでもできるようにしている。これも重要な視覚支援の1つである。

6　本人の取った対処法

(1) 学習面

　一番困ったのは，ノートが取り切れないこと。聞くことに集中すると，ノー

トが取れない。ノートを書いていると，先生のお話が耳に入ってこない。

そこで彼のやったことは，先生の研究室を訪ねて自分の特性を説明し，ノートを埋めさせてもらうということ。初年度だけで，20ほどの研究室を回った。そして，「事前に講義資料をください」ともお願いした。

対応はバラバラだった。講義で使用したパワーポイントの印刷をくださる先生もいれば，「忙しいから友だちに聞いてよ」と足早に去って行かれる先生も。友だちに聞けるくらいなら，苦労はないのだが……（このあたりで，入学前の周知徹底のお願いは何だったのか？　と疑問が湧く）。

さらに，早口の先生のお話が聞き取れない。対処としては，ボイスレコーダーで講義を録音し，家でPCソフトのスロー再生機能を利用し聞き直す。

ノートを取っていると，先生のお話が耳に入らないことの補完のためにも，4コマ＝6時間講義を受けたら，その分の講義録音を聞き直して，内容を確認する，という日々が学期中連日続いた。これはかなりシンドイ。

毎晩，0時過ぎまで勉強し，朝6時前には起きて勉強している……そんな様子に，「健康第一だからね」と，声を掛けることしかできない母だった。

グループ実験で，結果とともにグループメンバーの意見をまとめてレポートを提出する……という課題のときにも困ったそうだ。自分だけ，メンバーの意見が書き留め切れない。

そのときは「悪いんだけど，僕は聞き取りの力が弱いので，もう一度教えてくれる？」と頼み，再度言ってもらい，無事書き留められたとのこと。もちろん最後に「ありがとう」とお礼を言う。メンバーの反応は，特に不快そうでもなく，「何で？」とも聞かれなかったらしい。

「自閉症だから」と言う必要はないし，言われた方も混乱することだろう。それよりも，その場で困っている凹部分だけを告げ，してほしいことを具体的にお願いする方が，スムーズに事が進み，お互いに負担が少ないと思う。

これこそが，身に付けてほしい「自己解決」能力だ。

自己解決で重要なのは，具体的な「言い方・伝え方」だったりする。こんな場面もあろうかと，実は家で「言い方」の模擬練習をしておいたのである。

「こんなとき，どうする？ごっこ」遊びである。親は，あくまで遊び相手で，トレーナーになってはマズイと思っている。でも，遊びでも，結構，役に立つこともあるようだ。

学習や行動の汎化が難しいとよく言われるが，浸透率が低いだけで，効果が

ない訳ではなさそうだ。親の失敗談を公開して、笑いを取ったりしながら、「こんなとき、どうする？ごっこ」を楽しんでみたらいかがだろう。

　細かな実験操作で困ることもあった。実験自体は無事完了したのだが、「滴定という操作がきちんとできていない気がする。不安だ」とのことで、また研究室を訪ね、「もう一度、滴定の練習をさせてください」と、彼は教授に交渉しに行った。

　幸いなことに「では、○日の○時に実験室に来なさい」と快く応じてくださり、30分ほど、練習させていただいた。教授は、実験室で別の仕事をなさっていたようだが、これはとても温かいナチュラルサポートだと、今も深く感謝している。

(2) 生活面

　学生相談室に、週1回決まった曜日・時間に、顔を出すことにし、結果として1人のカウンセラーさんに対応していただくことになった。

　よく「何かあったら相談に来なさい」と言われるが、その「何か」が自覚できないのが、発達障害をもつ人の弱いところである。それでは事態を深刻化しかねないので、毎週行く決まりとした。

　その際、彼がやったことは、相談したいことがあるときは、あらかじめメモにまとめておく習慣づくりだ。手帳を常備し、思いついたときにすぐ書くようにした。そうしておかないと、必要な場で思い出すというのがかなり難しいのである。

　学生掲示板は、毎日必ず見ることにした。朝見て、帰りに見てと、これもルーチン化してしまうと、かえって楽になるものらしい。

　さらに、レポート提出や事務手続きなど、期限のあるものは、必ず常備している手帳にすぐさま記入することにした。ノートやメモ用紙でなく、必ずその手帳に書くことを徹底した。情報管理の一元化を、彼はここで習得した。これは、社会に出てからもとても重要なスキルである。

　日々の時間管理では、遅刻しないように、PCの乗換検索ソフトを使うことにした。使い方を教えたところ、これが気に入ったらしく、その後は、出掛けるたびに必ずこれを利用して、乗る電車を決めている。親に「そろそろ時間よ」などと言われるより、自分の出した検索結果に従う方が、数段気分がよいことだろう。

そして，サークル活動。彼は自分の意思で「○○研究会」というサークルに入会した。新入生歓迎会もあり，大学祭では模擬店もやり，それなりに楽しんでいたようである。多分，周りは困惑したのだろうが，クビにはならなかった。

3年生になったとき，あろうことか，他になり手がなくて，サークルの副会長を引き受けた（押し付けられた？）。

コンパや勉強会等の日程調整係をやらされていたようだ。時間はかかりながらも，メンバー全員に連絡を取り，応答をまとめ，日程を絞り込んでいく。

大勢の要望を聞きながら，優先順位を付けて，決定していく……。これまでの彼の最も苦手とすることの1つだったはずだが，これによって，連絡・調整力を培うことができたようだ。今では，イベントの幹事役が大好きである。

(3) 結果として得られたもの

多くの先生方に支援要請をして廻った結果，自らの特性説明と支援要請の，とてもよい実地訓練となった。

社会で生き抜いていくために，適切な支援要請行動が取れることが最も重要だと思っている。誰に，いつ，どのように支援要請をするか……というスキルは経験を多く積んで学んでいくしかない。

さらに，適切な「支援授受能力」も大切だと考えている。見栄を張らない。恥じない。支援していただいたことに感謝し，きちんとお礼を言う。

もちろん，自分でできるようになったことは，自力でやり，スキルを磨く。

彼が言っていたのが「先生にもいろいろな人がいる。対応はそれぞれ違う」それを時には傷つきながらも，身をもって知ることができた。「先生でさえ，ああなのだから……」と，社会の厳しさをマイルドに予行演習することができたとも感じている。

大学の支援は，入学前に申し入れをしたにもかかわらず，システム化されていなかったし，対応も先生個人の判断により，まちまちだったことは，とても残念なことだ。だが，結果的に，自立への貴重なトレーニングになったことも確かだ。もしかしたら，感謝すべきことなのかもしれない。

(4) アルバイトに挑戦

学期中は寝る間も十分にないほどの忙しさだったが，長期休暇中は，アルバイトに挑戦した。

まず最初は，初心者定番の「郵便局の年賀状の仕分けアルバイト」。高校生に混じり，丁寧な指導を受けながら，10日間ほど働いた。ゆっくりだが，間違いのない作業ぶりだったようで，職員の方に「次も来てね」と言われ，大いに自信をつけた模様（職員の方の言葉を真に受け，律義に，その後も年末年始には必ず，郵便局でお世話になっている）。
　次に彼が選択したのが，なんと「日雇いアルバイト」。斡旋会社に登録しておき，翌日の仕事をメールで問い合わせ，気に入ったものがあれば応募し，選考・調整の後，仕事がもらえるシステム（もちろん，もらえないときもある）。
　指定の時間・場所に出向き，倉庫整理や展示会の撤去作業などの肉体労働的作業を選んで，行っている。1日で終わる，単発のアルバイトである。
　「決まった場所で決まった仕事をする方が楽ではないか？」と，彼に尋ねたところ，「体はキツイが，いろいろな職場があり，いろいろな人がいて，いろいろな指示の仕方があるということを知ることができて，勉強になる。自分にはそれが必要だと思う」のだそうだ。
　指示が理解できず，怒鳴られ，けなされ，時には落ち込んで帰ってくるが，不思議と続いている。自己決定の結果だからか，目的が明確だからか，意外なほど打たれ強くなっている。あのかつての「へたれ君」が！

7　まさかの留年！

(1) 選択実習Aが4単位足りない？！

　研究室を駆け回り，講義録音を確認する日々ながらも，3年生までは順調に進級した。ところが，油断大敵である！　3年次のうちに取得すべき単位が足りないとのことで，ある日，「3年次留年」を言い渡されて帰ってきた。
　「選択実習Aが4単位足りない」とのこと。選択科目だが，特定の科目群の合計単位数が一定以上必要というシステムで，総単位数が足りていても留年なのだそうだ。確かにいくつか単位を落としていたのは知っていたが，選択科目なので，母は気に留めていなかった（その頃，母自身が入院・手術などもし，状況を細かく見守る余裕がなかった）。
　進級要件のわかりにくさに負けた……という印象。「この科目群をあと何単位取らないと危ないですよ」という警告を事前に大学側からいただけていたら

……と思っても，もう後の祭り。

実は，ここで母は猛烈に落ち込んだ。「やはり，大学進学は無理だったのか。親の判断ミスで，障害のある息子に，させなくてよい苦労をさせてしまった。申し訳ない……」と，自分を責めて責めて責めまくった。そして，「もう頑張らなくていいよ」と言ってやりたい気持ちが強烈に湧き上がった。

だが，やはり「自己決定」だよね。自分の感情はさておき，まずは事実確認だ。ここでやるべきは，単位を落とした科目の原因分析である。そこに，今後の活路を見いだすヒントがあるかもしれない。

本人は「論述問題だと，時間が足りない」と以前からしきりに訴えていた。書字障害があるため，筆記に時間がかかるのである。そして，案の定，落としているのは，論述問題形式。

先生のお話では，「あんなに真面目なのに，再試でも同じ点数なんですよ」と不思議そう。再試前，必死で勉強していたのに同じ点ということは，理解不足というより，筆記時間不足が原因の可能性がある。

本人に確認したところ，「答案は先生に出すものだから，綺麗な字で書かなければいけないと思っていた」とのこと。「汚くても，ギリギリ読める字だったらOKよ」と話したら，「そうなんだ！」と驚愕していた。やれやれ……。

さらに，完璧にわからなくても，少しでも書けば部分点がもらえる……という常識もなかったことが判明。盲点は，何歳になってもあるものだと母は猛省。

だが，本当のところ，実力発揮できなかっただけなのか，これが本人の能力の限界なのかは，定かではない。サボっていての留年でないだけに，退却すべきか，留まるべきか，やはり判断はつかず，不安ばかりがつのる。

(2) ピンチはチャンス！

留年が年度末に正式決定し，再び親子会議。大学の規則で，同学年は2回しかできない。つまり，再度単位不足になれば，即，退学となる。いやはや，絶体絶命である。それも，3年次の科目は成績A以外は全部履修し直しだという。

「本当にすみません。でも，どうしても再挑戦したい。させてください」と彼は頭を下げた。

母としては，体力の限界まで頑張っている姿を見ていただけに，もう楽にしてやりたい，というのが本音だった。自分もその方が楽になれる，というのもあったと思う（なんて母親だ！）。でも，彼の人生，「自己決定」だよね。

そこで提案したのが，2ルート作戦。「大学の勉強と，障害者対象のトレーニングを並行してやっていこう。それなら，もし退学という結果になっても，移行がいくらかスムーズだろう」

彼は，「それで行く！」と即答した。

(3) 就労移行支援事業所「夜間部」に

大学に入学してからは，彼の支援者を外に求めるようにしてきた。青年期でもあり，相談相手は徐々に親以外の方にシフトして，親は相談相手としては，フェイドアウトしていく方が健全な気がしたからだ。

市の障害者支援センターの相談員の方は，彼のお兄さん的存在で，2回目からは自分でアポを取って，友だち関係のことなどを聞いてもらっていたようだ。

それをさらに広げて，県の中核地域生活支援センター，障害者就業・生活支援センター，障害者就労支援センターなどにも連れて行き，障害をもちながら生きていくためにどんなことが大切か，どんなサービスが受けられるのか等，いろいろな情報に触れさせた。そして，就労移行支援事業所についても調べていたところ，幸運にもピッタリの情報が舞い込んできた。

就労移行支援の「夜間部」の創設である。発達障害をもつ大学生や専門学校生対象のトレーニングコースで，18～19時半，週3回，コミュニケーションや職業理解などを中心に，支援を受けられるというもの。

それも，場所は通学の途中駅のすぐそば。こんな素敵な地域情報がタイムリーに流れてくるのも，「親の会」のおかげだ。

利用には「障害者自立支援費受給者証」が必要とのことで，早速，診断書をいただき，市に申請して，5月にはトレーニングを開始した。そして，これに彼は見事にハマった！　大学生の発達障害仲間ができたというのは，とても嬉しかったようだ。仲間と安心・安全な環境で，就労に向けたコミュニケーションの練習ができるのは，これまでにない楽しい経験だったようで，「嬉々として」としか表現しようのない様子で通い出した。

就労に向けて，共に学び合い，支え合う仲間ができたのは，大いに励みになったようで，表情が随分豊かになった。

大学に通いながら，訓練も受けられる……そんな時代になってきたのだと，母自身も，勇気づけられた。これも障害者自立支援法のおかげか。

安心できる環境でこそ伸びる社会性・コミュニケーション能力。よい場を作っ

ていただいたと，感謝している。

(4) インターンシップに挑戦

　トレーニングを受けて，勇気百倍となったのか，夏休みに，希望者が受けられる大学主催のインターンシップ制度に応募した。
　一人で2日間，薬局で職業訓練である。学生とはいえ，現場に出るのである。初日で帰されるのではと，内心ヒヤヒヤしていたのだが，無事，2日間の訓練を終え，これまた大喜びで帰ってきた。
　プロの薬剤師の細やかな対応ぶりに感激ひとしおで，翌日は1日がかりでお礼状を書いていた。それを「夜間部」に持参し，チェックしてもらうという支援もあり，インターンシップは自信をつけるよい体験となったようだ。

8　大学への再度の申し入れ

(1) 発達障害者支援センターへ

　2回目の3年次は，「ギリギリ読める字作戦＆完璧に分からなくても何かは書く作戦」が功を奏し，選択必修単位を順調に取ることができ，進級の目処は早目について，まずはホッとした。だが，今後も進級問題は続いていく。
　これまで，発達障害者支援センターへは相談に行っていなかったが，大学に適切な「合理的配慮」を求める必要があるように感じ，相談を申し入れた。

(2) 支援がシステムになっていない！

　息子と二人で発達障害者支援センターへ出向き，これまでの大学での対応を説明したところ，即座に「支援がシステムになっていない」と，ズバリとご指摘を受けた。「ここで，再度面談の申し入れをしたらどうか」との助言を受け，勇気を出して大学へ面談の申し入れをすることとした。

(3) 大学への面談申し入れ

　これまで「大学への窓口はクラス担任」と言われてきたので，担任の先生に電話で面談の申し入れをした。1月10日のことだ。ところが，「面談の必要があるのか，上と相談しなくては分からない」という予想外の反応で驚いた。「ま

た連絡する」とのことで電話を切られたが，その後，電話が来たのは48日後，2月27日だった。このあたり，高校とは対応が全く違う。「大学の扉は重い」と思い知らされた。その後も紆余曲折あったが，4月2日に面談をしていただけることとなった。

　(4)　やっと「支援体制」ができた！

　面談には，ありがたいことに，発達障害者支援センターのセンター長も同行してくださった。会議室には，薬学部長・学務担当・学生担当・就職担当の各教授と，事務長さん等，偉い方がずらりと並んで座っていらした。

　そして，「対応が遅くなったが『支援体制』を作りました」とのご説明をいただいた。ただ，「体制図」は渡されたが，担当者名がなく，組織名もないという何とも責任の所在が不明瞭なものだった。

　その点を明確にした修正版を後日いただいて，入学5年目にしてやっと「支援体制」の形が見えてきた。名前は「サポートチーム」，窓口は学務担当教授が兼務してくださることとなった。

　ただし，「サポートチーム」の「場所」はまだできていない。その存在も，学内にアナウンスされていない。支援を必要と感じた学生が，駆け込める「明らかな場所」は，必要不可欠なはずだ。

　さらに，問題なのは，支援対象者は「障害者手帳・もしくはそれに準ずる診断書を持つ者」と大学側は規定した。

　面談の場で，「発達障害の診断が確定するまでいかに時間がかかるか，その特殊性を勘案して，支援を求める学生には柔軟に対応してほしい」と繰り返し要望したが，大学側は「どこかで線を引かないと……」の一点張りであった。

　このあたり，今後も根気強く，働きかけをしていく必要があると思っている。

　教育機関として，「線を引く＝排除する」という姿勢はいかがなものだろうか。学生の能力・可能性を最大限に伸ばすこと以上に，大切なものがあるとは思えない。最高学府として，教育者として，教育の原点に立ち返って再考していただきたいとの思いも強く湧いた。

　また，「サポートチーム」の効果検証のシステムについては，面談では全く触れられなかった。「支援体制」を形だけに終わらさないよう，「モニタリング」

のシステムをどう構築していくか，これも今後の重要な課題の1つである。

(5) 支援体制で得られたもの

その後，講義資料を事前に教務課の方から渡されたり，板書のデジカメ撮影を咎められなくなったり，というような改善が見られた。

だが，講義資料の事前配布など，学内のLMS（学習管理システム）に各先生がファイルをアップロードして，そこから各自がダウンロードし，印刷すれば済むことだ。面談時にそのようにお願いしたのだが,実現できていないようだ。

教務課にたびたび足を運び，資料をもらっている場面を，できれば学友には見られたくない……，息子はそんな気持ちを漏らした。

お互いに手間がかからず，よりナチュラルなサポートとなるように働きかけを続けていきたいと思う。

さらに，試験への「合理的配慮」が，どこまで実現するのかはこれからの大きな課題だろう。このあたりは,「同じ土俵」という概念の本質的理解が必要で，先生方の意識改革にエネルギーを注ぐことになりそうである。

9 大学に期待するもの

(1) 学習支援

大学は学習の場。学習支援が最も重要である。その方に必要な教材提供・機会提供・環境調整が望まれる。

その際，気をつけていただきたいのは，発達障害といっても凹部分はそれぞれ非常に異なっているということ。「こういうもの」「これをやればいい」と決めつけずに，個別に必要な支援を組み立てていくきめ細やかさが必要だ。

さらに，モニタリングを繰り返して，支援の付加・調整・縮小にも配慮していただきたい。「手厚過ぎる支援」は，本人のためにならない。

ウィニコットの "Good enough mothering" という言葉があるが，同様に，"Good enough support" が，最良だと言えるのではないだろうか。

そして，支援は，学生の気持ちに配慮して，できるだけ目立たない形の「ナチュラルサポート」でお願いしたい。

さらに，大学のシラバスはかなり充実してきたと思うが，具体的にどんな活

動が行われるかまでは読み取れない。発達障害学生が苦手なグループディスカッションや，ペアを組んでの細かい作業などが含まれるときは，事前に通知をしていただけるとありがたい。ペア作業などは，場合によっては学生でなく，実験助手さんに組んでいただけたりしたら安心である。本人は，他の学生に迷惑を掛けたくない……と切実に思っており，それが強い不安にもなっているのだ。

(2) 生活支援

一人暮らしをしているような場合，生活面でも助言が必要な場合があるかと思う。体調不良に気づかなかったり，悪徳商法に引っかかったりしやすいので，入学当初から，警告情報を具体的に提供していただけたらありがたい。『ひとり暮らし自己防衛マニュアル』（ひとり暮らし応援団，2007）のような本を紹介するのも有効と思う。

(3) コミュニケーション支援（対人関係支援）

対人関係でつまずき，登校できなくなる学生も多いと聞く。他者の意図を取り違えやすく，被害的になりやすい部分もあるので，時には「通訳」をしてあげることも必要だと思う。

他者への声のかけ方，依頼の仕方，謝り方などを，具体的にアドバイスしていただけたらありがたい。

(4) 就労支援

発達障害のある学生の最難関が，就職活動だと思う。まずは，キャリア教育を充実させていただきたい。

具体的には，自己理解と職業理解。インターンシップ制度なども有効だが，事前指導を丁寧にやっていただけると，安心して取り組め，吸収できる部分が増えることと思う。

今は，どの大学でも実施していると思うが，模擬面接などの，面接練習の機会が重要だ。求められていることを理解して，練習を積んで慣れていけば，実力を発揮できるので，練習機会を多めに設定していただきたい。

さらに，せっかく同年代の共通志向をもつ学生が集まっているのだから，大学で，「ソーシャルスキルトレーニング」を実施すれば，とても有効だと思う。障害学生に限らず，希望者を集めて，テーマを決めて「ロールプレイ」をやら

せたらどうだろうか。

「報告・連絡・相談」や，依頼・断る・謝る・誤解を解く・話し合う等，身近なテーマで，練習をする場を作っていただけたらありがたい。

そして，発達障害をもつ学生は，つらさを共有できる仲間を求めている。どの大学にも，発達障害をもつ学生が何人かは所属していることだろう。グループカウンセリングの機会があると，よいかと思う。安心できる環境で，コミュニケーションの練習も兼ねながら，自己理解と他者理解を促進していけることと思う。

10　大学から社会への移行

(1)　ゴールは「自己理解・自己決定・自己解決」できる社会人に

大学は，就労・自立に向けて，最後のトレーニングの場となるべき場所だ。大学設置基準の第42条の2に，「大学は，当該大学及び学部等の教育上の目的に応じ，学生が卒業後自らの資質を向上させ，社会的及び職業的自立を図るために必要な能力を，教育課程の実施及び厚生補導を通じて培うことができるよう，大学内の組織間の有機的な連携を図り，適切な体制を整えるものとする。」とある。

大学だけに押し付けるのではなく，家族も協力しながら「良き社会人」として世に送り出していきたいものだ。

大学は，社会に出ていくために，「自己理解・自己決定・自己解決」の深耕を図る場となってほしい。それは，障害学生だけでなく，全学生にとって大切なテーマだと思う。

(2)　発達障害をもつ人の社会参加

発達障害をもつ方は，全体の10％近いのでは……というような話も聞こえてくる。そんな社会において，発達障害の当事者が社会に出ていくこと，特に専門職分野に進出していくことは，大きな意義があることではないだろうか。

発達障害者には凹部もあるが，特有の強みももっている。その強みが活かされることは，社会にとっても有益だ。そして，発達障害をもち，特有の認知パターンを熟知した専門職がいたら，発達障害をもった利用者・お客様に，より

適切なサービスを提供できることだろう。
　様々な分野で発達障害をもつ方が活躍していくことで，多様な認知パターンの方に対応できるような，ユニバーサルデザインがあらゆる分野でも広がっていく。それは，誰にとっても安心して快適に暮らせる社会ではないだろうか。
　そんな社会を創造していくために，障害者への支援・合理的配慮は，コストではなく，むしろ有効な投資なのではないだろうか。

11　連携から協働へ

　2005年に発達障害者支援法が施行されて，もう8年以上にもなるのに，「大学での支援はまだ緒に就いたばかり」といったところだ（2013年4月の面談時に，実際に教務担当教授が，まさにそう発言なさったのには驚いた）。まだ，責務でなく「サービス」という認識なのかもしれない。
　だが，障害学生支援体制を整えていくことは，大学の教育の質を確実に向上させていくことに気づいている先生もすでに少なからずいらっしゃる。
　ただ，「心ある先生」の孤軍奮闘で対処できる問題ではないし，それはむしろ危険だ。一人の担当者に依存しない体制作り，システム整備こそが重要だと考える。担当者が倒れたら終わり……では，困るのである。持続可能な支援こそが，求めているものである。
　そして，「大学の自治」は大切な理念だが，大学内だけで対応するには難し過ぎる課題だと感じる。大学間の連携とともに，大学も社会的リソースを積極的に活用していくべきだ。発達障害者支援センターや，障害者就業・生活支援センター，そして，地域の「親の会」などとも連携を取って，協働体制を創ることに躊躇しないでほしい。

12　今，感じること

　息子に，「高校の勉強と，大学の勉強，どっちが面白い？」と尋ねてみた。「難しいし大変だけど，やっぱり大学の勉強！」と答えが返ってきた。それだけでも，大学進学の意味はあったと思ってよいのかもしれない。
　最近は，薬品・薬物関係のニュースなどを真剣に見るようになってきたし，彼のバラバラだったカタログ的知識が，統合されていっているのかな……と感

じるときがある。

　ヴィゴツキーの「発達の最近接領域」という概念がある。自力でできることを，発達の現在水準というが，手助けや仲間との協同でできることが，明日には自力でできることとなる，という理論で，この「可能的発達水準」とのあいだのことを「発達の最近接領域」(zone of proximal development) と呼び，教育はこの「発達の最近接領域」を創造することが重要だと主張した。

　好きな領域の学びを「大学」という場で体験していくことは，まさにこの「発達の最近接領域」を創り出していくには，最適な道かもしれない。

　好きな領域の学びだったから頑張り抜けた。そしてモデルとなるような専門家の知識・技術・思考に多く触れたことで，「発達の最近接領域」を伸ばし続けていけた。高校卒業時と比べて，格段にたくましくなり，適応力が高まっている彼を見ていると，そう感じる。

　無事，卒業までたどり着けるか，専門職に就けるかは，まだまだ予断を許さない状況だが，何とか生き抜いてはくれそうだ……という感触が出てきているのは，大進歩だ。いまだ課題は山積みだが，取り組む価値のある挑戦だと思っている。

　後に続く方々に，幸，多からんことを！

[参考文献]

ひとり暮らし応援団（編）(2007). ひとり暮らし自己防衛マニュアル　池田書店
東京LD親の会連絡会・自立生活研究会 (2010). 自立生活サポートチェック表　東京LD親の会連絡会・自立生活研究会
ヴィゴツキー (2003).「発達の最近接領域」の理論——教授・学習過程における子どもの発達　三学出版
ウィニコット (2005). 小児医学から精神分析へ——ウィニコット臨床論文集　岩崎学術出版社

第11章

ディスレクシア　海を越える

藤堂　高直

1　ディスレクシアの留学

　私は15歳のとき、自分の意思で渡英の決断をした。以来、英国の語学学校、高等学校、大学、大学院で学び、それらの過程を全て修了した。渡英して半年、ちょうど語学学校在籍中に、私は学校より、会話能力に比べて読み書きの能力が著しく低いためディスレクシアの可能性があるかも知れないと告げられた。その後、私は簡単な読み書きの試験を受けた。その試験は20の単語の音を聞きそれを書き写す作業と20の単語を順に読んでいく作業であった。その結果、私は軽度のディスレクシアであると語学学校より診断された[1]。

　ディスレクシアとは発達障害[2]の一つである。定義としては、知的には標準並またはそれ以上能力があっても読み書き等に困難さがある人のことをいう。日本では人口の約8％程度がディスレクシアであると筑波大学の宇野彰先生らの調べで発表されている。International Dyslexia Associationから欧米では人口の約15％程度がディスレクシアであると発表されている。これらの数字が示すものはディスレクシアが決してマイノリティの話ではないということだ。

　ちなみに日本語のカナはほとんど一つの音に一つの文字が対応しているため、小学校低学年では多少スピードに問題があっても読めていると思われる。また漢字も低学年の間は形が意味と結びつき、読みも聞きなれた一つの読みしか出

---

(1) 英国では学校内でエデュケーショナル・サイコロジスト（教育心理士）がディスレクシアの判断ができ、それに基づき学校は合理的な配慮を施す。
(2) ここでいう発達障害とは2007年の発達障害支援法の定義による。

第11章 ディスレクシア 海を越える

てこないうちは困難がほとんど目立たない。このために，日本において，ディスレクシアの認知数が欧米の数値よりも低くなっているのではないかと推察される。高学年になり複雑な形や似た形の漢字を学び，読みも一つの漢字でも複数になってくると困難さを見せることになる。また，中学校になって英語が入ってくると困難さを見せる人は倍増するのではないかと思うがまだその統計はとられていない。

　私が軽度のディスレクシアであるという結果は日本にいる母にまず伝えられた。母は早速インターネットでディスレクシアについて調べてみたが，日本語でディスレクシアという文字で検索をしてみてもヒットは皆無であった。逆に英語のページで検索をしてみると，ディスレクシアの記述が多数見受けられた。その当時の日本（平成11年頃）ではディスレクシアに対する認識はないに等しかった。

　このような日本の状況の中でディスレクシアの認識が高い英国を選んだことは私にとって僥倖であったと言える。同時に，日本とは異なる教育システムと私との相性がよかったのも幸いした。

　私が留学を決断して以来，15年近い歳月が流れた。現在，日本では多くの研究者，当事者，ボランティア，教師，知識人らの努力により，ディスレクシアというものが少しずつ認識され始めた。その証拠にセンター試験においては読みに困難がある人々に対して試験時間の延長が許されている。このように認識が変わりつつある。しかしながら，ディスレクシアに対する一般認識は欧米と比較してもまだまだ広まっているとは言えない。そのような現状を鑑みるに，私が留学を決断してから15年近く経た現在でも海外の諸教育機関でディスレクシアのサポートを受けながら学ぶという意義は大いにあると思う。

　私の理想としては，英国および欧州の長い生活の中で私が感じたディスレクシアに対する欧州での理解や対応等の居心地のよさ，能力を発揮できる環境や評価の広さが日本でも形を変えながら一日でも早く浸透してほしいと思う。なぜならば，全ての邦人のディスレクシアが望めば海外で学べるということは不可能であり，金銭的問題だけをとっても困難であるからだ。ゆえに本来であればディスレクシアの理解，対応は日本国内でできていなくてはならない。

2 留学の動機・留学するまで

　私が英国留学を決断した時期は中学3年生のときである。私が通っていたのは中高一貫の全寮制の学校であった。そのため，私が望めば高校も同じ学校で進学することが可能であった。それでも私が英国留学を決心したのは中学校2年生のときに，学校のプログラムとして訪れた英国での2週間の研修先での経験がきっかけであった。

　英国南部のケント州の海が望める片田舎で私は同級生たちと現地の学校に2週間程度滞在をした。まず，何よりも環境が良かった。初夏の心地よい時期であった。空気や大地は乾いており，少し歩くと海が見渡せる公園があった。そこからは対岸のフランスに続く海峡が広がっていた。寝転がると空が広く，草の香りがした。日本の学校と提携していた現地学校では少人数の生徒に対して褒める教え方をしていた。日本の教室内のような殺伐とした雰囲気もなく，先生もリラックスしており学習内容が頭の中にすんなりと入ってきた。生徒間の競争を煽ることもなく終始自分の学業に専念ができた。このときの研修経験は，私に留学をするという可能性に現実味を与えてくれた。

　中学校で学んでいた頃の私は，自分がディスレクシアであるとは知らなかった。小学校の頃より，漢字が覚えられない，球技が苦手，音に敏感なため，複数の音の識別が困難，右左が分からない，靴紐が結べない，忘れ物が激しい，ルールが覚えられない，落ち着きがない，等の典型的な特徴はあった。しかし小学校の頃は授業の内容が比較的簡易だったために，自分で工夫を凝らすことで生活・勉強の中で生じる困難さをある程度回避することができていた。

　それが，中学校ともなると，授業の内容が複雑になり，英語の授業が始まったことで学業面での苦労が表面化した。漢字は相変わらず覚えられない，数式が覚えられない，英語の単語が覚えられない，英語の文法が覚えられない，球技も相変わらず苦手，集中力が続かない，受験・偏差値絶対主義に染まった生徒たちとは打ち解けられない，そして何よりも自分が一所懸命努力したことが試験結果と繋がらないという苦しさがあった。小学校の頃は生徒の個性や体育，音楽，芸術等に対する評価も均等にあった。それが，進学校の側面が強かった中学校においてはアカデミックな科目で結果が出せなければ，評価をされないという空気が濃厚であった。私にはそのことがとても苦痛であった。そのよう

第 11 章 ディスレクシア 海を越える

な状態の中で日本の高校，大学へと進学することは私にとって悪夢でしかなく，考えれば考えるほどに憂鬱な気分にさせられた。

では，いつから日本の教育はこのように狭い評価で支配されるようになったのであろうか？　時代を遡って考えると，私は明治維新以後であると思う。江戸時代までは各藩ごとに私塾，藩校や寺子屋があった。藩ごとに異なる教育理念があり明治期の多様な人物を養成する素地を作っていた。また，寺子屋では年齢を超えて一つの場所でお互いに異なる年齢や身分の子どもたちが助け合いながら学んでいたそうだ。私塾では本当に専門的な知識を学びたい人たちが集まり，命を顧みず学んだみたいである。福沢諭吉が学んだ適塾や松下村塾を想像していただければよい。それらが廃止された明治維新以後も最初はお雇い外国人より実技を中心に学び，手に技を持ったプロフェッショナルが育成された。しかし，明治も時代が進むと，今に繋がる教育のシステムが諸外国のシステムを参考にしながら取り入れられ，アカデミックな科目で優秀なものがエリートであるというシステムが広まっていった。そのシステムは中国の科挙制度がベースとなった。それにより，人物評価の基準が以降ぐっと狭くなったと考えられる。

中学校2年生の英国研修以降，私には英国へ留学をすることに対しての前向きなイメージが膨らみ始めた。将来に関して暗いイメージしかもてない日本での生活よりも，不安はあれど希望に繋がるイメージがもてる英国での留学という選択は私にとって自然であった。

人間は明るい物語を信じて生きていくことにより明るい未来を築くことができる。逆に暗い物語を信じると，その先も暗い物語通りになってしまう。大切なことは，本人が信じることのできる明るい未来の可能性を実感でき，確信を感じられる社会を構築していくことだ。日本でもこのような明るい未来を多くの子どもたちが信じられる環境を是非整えていただきたいと思う。

私の留学決断に対して親の反応はどうであったか。母は幼少期に祖父に伴っていくつかの国を転々としたため，留学経験が豊富であった。そのため，私の決断に対して賛成をしてくれた。また, 小学校の頃は自由奔放で発想豊かであった私が，中学校に入ってから萎んでいく様を目の前で見ていたので，海外に出て再び羽ばたいてほしいという気持ちもあったと思う。父も留学に賛成してくれた。父は学生の頃留学をしたくてもできなかった経緯があり，その意志を引き継いでほしいと願ったのであろう。両親以外の親戚も私の留学に前向きで後

押しをしてくれた。このことは私にとっては救いであった。また，経済的に留学を許してくれる環境にあったことはいつも感謝の念に堪えない。

家族とは打って変わって学校や，家族そして親戚以外の周りの反応は逆で，冷淡だった。その中でよく言われた意見は「日本で結果を出せないのに，海外に行って結果が出せる訳がない」というものであった。この意見は留学を目指すディスレクシアに対してかなり多く出てくる意見だと思う。しかし，そのような声は無視をしてよいだろう。なぜならば，先の日本の明治以降の教育に代表されるように日本教育の評価基準は狭い。その狭い評価基準で測ることのできない能力は数多くある。日本の多くの学校において，評価の基準は暗記力や情報処理能力の高さである。もちろん，それらも大切な能力であることは否定しない。だが，これらは時に理解力，交渉力，思考力，発想力，構成力，表現力，を無視する場合が少なくない。

さらによくないことは，日本の中の狭い評価を絶対的な評価とむやみに信じて，国外に出ようとする個人に対して国内に留まらせようとする習慣である。留学する上で金銭面を除いた場合の一番の障壁となるものは，この日本に留まらせようとする強い引力である。その引力からいかにして己を断ち切ることができるのかということが大切である。そのためには，ある種の確信や信念が必要であろう。相手にこの先には道はないと言われても，自分は絶対に先には道があると信じることができて初めて日本の重力圏から飛び出せる。確信や信念を得るためには，己が信じられる確かな実感が必要であろう。私にとってそれは英国研修であった。留学を検討している場合は現地へ赴き，そこでの実感を得ることは大切である。

3　留学の一歩

私は英国で様々なサポートを受け，工夫を学び，自分の力を最大限発揮でき，認められ，評価される環境で学ぶことができた。私は日本ではあまり成績がぱっとしなかった。その私が留学先で優等生になることができた。このように，ディスレクシアな日本人は留学先で大化けする可能性が秘められている。

英国では1981年にEducation Act（教育法（英国）），いわゆる英国の教育法で，特別な教育支援が必要な子どものための条項が定められている。要約すると，ある生徒が身体的，知覚的障害，または情緒的，行動的な困難があった

り，母国語が英語でない場合や，発達が遅れていたりする場合は，その生徒へ特別な教育的支援を提供する，という内容である。同時に多くの多様な生徒が可能な限り通常学級に参加できるようにとそれには指示されている。

　この法律にはディスレクシアも対象に含まれており，ディスレクシアへの特別支援体制が以後固められていく。こうして，英国は世界をリードする特別支援教育を続け，現在進行形で新たな支援体制が確立している。

　中学校3年を卒業してから私は両親の賛同を得て，予てより望んでいた英国に渡ることができた。留学と言ってもまずは言語ができなくては何も始まらないので，最初に私はケンブリッジの語学学校に入学した。そこはいわゆる，一般的な語学学校であった。そこは，様々な国，立場，年齢の人たちがそれぞれの理由で英語を学ぶ場所であった。授業は全て英語であり，生徒に日本人はあまりいなかった。私は当時，英語はほとんど分からず，人見知りな性格であったため，友だちもあまりできず何かとつらかった。さらにつらかったことがホームステイである。

　親の転勤などの理由で留学をする場合などはいろいろと困ったときに，解決方法などを親に尋ねたりできる。個人留学の場合は基本的に自分ですべて解決しなければならない大変さがある。高機能自閉症やディスレクシアはコミュニケーションやルールを学ぶのに苦労する場合が多い。

　私の場合，ホームステイでとても苦労をした。トイレの便器の蓋の閉め方，行動，食事の仕方，共用のものとそうでないもの，音量制限など思い出すだけでかなり多くのルールがあった。耳は良かったので，正しい発音を容易に習得できた。そのためか，相手は私が流暢に話せるものと理解する。だが，正しい発音ができても正しく話せなければ誤解を生むだけである。そのせいで喧嘩になったり，相手を傷つけてしまったこともあった。例えばテレビゲームの技の名前が英語だったので，その技の意味を聞いた。その単語が相手を誹謗中傷する言葉だったために，相手は私が悪意をもっていると思ってしまいホームステイ先との関係が悪くなったことがある。

　結局私はホームステイが上手くいかなかったのでルールの緩い家族経営のドミトリーや友だち何人かと共にアパートを借りる共同生活を選んだ。一人暮らしができればよいに越したことはない。しかし，日本と違い自分一人で暮らせるアパートは学生の身分では金額的な負担が多いので手が出しづらい。

　学校に寮があれば安価でルールも分かりやすいのでよいと思う。私がお薦め

するのは、同じ学校の生徒が集うアパートの共同生活である。ある程度のプライバシーは確保され、ルールは緩く、金銭的な負担は少ない。そして生活を共にする仲間と助け合ったり、輪が広がるという意味でもよいと思う。これにより、語学も上達する可能性がある。逆にホームステイは結構気を遣うため精神的に疲れる場合が多い。しかし、留学をするとは異文化を学ぶという側面もあるので、苦労は多いと思うが、異文化の生活習慣を肌で感じたいという方はホームステイという選択もありかと思う。それを通じて他者との接し方を学べたりと、苦労も多いが学ぶことも多いため、人生の滋養にはなるであろう。ちなみに私は二度とごめんである。

　結局、3か月程度の語学学校ではあまり英語が上達することはなかった。友だちがあまりできなかったことは原因として大きかったかも知れない。今考えると英語、特に会話が一番上達した時期は、友だちに囲まれていた時期と一致するからである。それは私にとっては大学時代であった。そこでは自分の学びたい建築を共通の興味として集まった集団に囲まれていた。彼らの多くは尖がっており、ディスレクシア、ADHD、高機能自閉、ゲイ、バイ、レズビアン、菜食主義者、アナーキスト、共産主義者、と種々様々であったのが私にとって意外と心地よかったというのもある。

　私の場合、英語を覚えた初期の頃はテレビゲームの魔法の名前から覚えたものが多かった。日本のテレビゲームも馬鹿にできないのは、魔法の名前、都市の名前、登場人物の名前等は単純な英単語から難しい単語まで含まれており、さらに神話、歴史等も関係するので広範的に学ぶことができるからである。映画やビートルズ等の音楽も英語の表現や言い回しを覚えるのに有効である。こういう言い回しが増えると表現力が豊かになり、結果として自分自身をより豊かにすることにも繋がる。いわゆる基礎のお勉強も大切ではあるが、重要なのは自分の好きなことや興味のあることをきっかけとして開拓していくことであると思う。

　逆に似たような事例で困ったことは、カタカナ英語が全く通じないということだ。例えばコンセントと言えば、日本語では配線用差込接続器のことを指す。しかし、英語ではこれをソケットまたはアウトレットと言う。コンセントとは英語では「同意」という意味である。そもそもの意味が異なるため、通用しない。調べてみると、日本ではコンセントリック・プラグを略したものであるらしい。このように、和製英語やカタカナ英語はそのまま言っても伝わらない場

合が多く，さらにその出自が英語，ドイツ語，フランス語，と猥雑であるため，英語を覚える上で有害になることがあると経験上言える。

カタカナ英語や新しく使う単語はくれぐれも調べてから使うこと。そして，それが相手に正しく伝わったか確認すること。さらに，発音や使用頻度，等も合わせて確認をした方がよい。一番良いのは怪しいカタカナ英語は意識して使わず，カタカナに頼らない日本語の表現で思考することだと思う。経験上，正しい日本語を話せれば，外国語も自然と整然としたものになるからだ。

4　ディスレクシアに対する認識の高さ

村上春樹の小説『1Q84』でディスレクシアが紹介されたり，スティーブン・スピルバーグがディスレクシアをカミングアウトしたことなどを通じて，少しずつではあるが日本でもディスレクシアが認識され始めている。しかし，いまだに一般常識と言える段階には至っていない。

日本国外，主に欧米に留学をする上での長所として，多くの国ではディスレクシアが広く認識されているということも魅力と言える。スピルバーグはもちろんであるが，トム・クルーズ，キアヌ・リーブス，リチャード・ブロンソン，李光耀等，誰もが知っている著名人の多くがカミングアウトをしているため，比較的前向きなイメージで一般に認識されている。そして，正しいサポートを受けて自立ができ，社会で力を発揮しているディスレクシアが多いため，ディスレクシアは障害というよりも，ひとつの個性のようなものとして受け止められている。日本では，A型がまじめ，B型が個性的，等のように血液型占いにおける個性というものは，短所・長所を含んだ個性として認識されている。この感覚は欧米における，ディスレクシアの受け止められ方に近いと思う。

英国では現地の中学校で学ぶことを復習し，高校へ入るための準備をする語学学校がある。私は短期の語学学校を終えた後，1年間そこへ通うことにした。これは EFL（English as a Foreign Language）の一環である。英国の高校や中学校に編入したい，英語が母国語でない諸外国人のための公立付属学校である。その語学学校でしばらく学んだときに私はディスレクシアであると診断された。その際に学校が私に伝えてくれた一言にとても感動した。「彼は素晴らしいものを持っているが，サポートを受けないことによって才能が台無しになってしまうかも知れない。」これは学校側が気を遣って言ったということで

はなく，ディスレクシアは正しいサポートを受ければ輝ける，という一種の確信が背後にあるように実感できた。

英語という言語の仕組みの違いから，英国ではディスレクシアが見つけやすいということもある。英語は記号の集まりなので形自体にあまり意味がない。その上，記号同士が繋がると読み方が変わったりと不規則な言語のため，ディスレクシアにとっては誠に不都合な言語であり難しい。これも歴史的に，ケルト語，ラテン語，ドイツ語，ノルウェー語，デンマーク語，フランス語，等が複雑に混ざり合った結果とも言える。逆の言い方をすればディスレクシアを見つけやすい言語とも言える。日本人にとって，中学校から本格化する英語教育により，それまで順調だった学業で挫折するケースがあることも理解できる。

以前は日本でディスレクシアを知らない人に，ディスレクシアが学習障害の一種だと説明したら，何か腫れ物に触るかのような反応をされた。近い身内に説明した場合でも「お前は障害者じゃない」と拒絶されたりしたこともある。そもそもが脳の構造の違いから起こる特徴なのに，ディスレクシアは治りますか？　と聞かれたこともある。構造の相違が問題である以上，治る治らないの

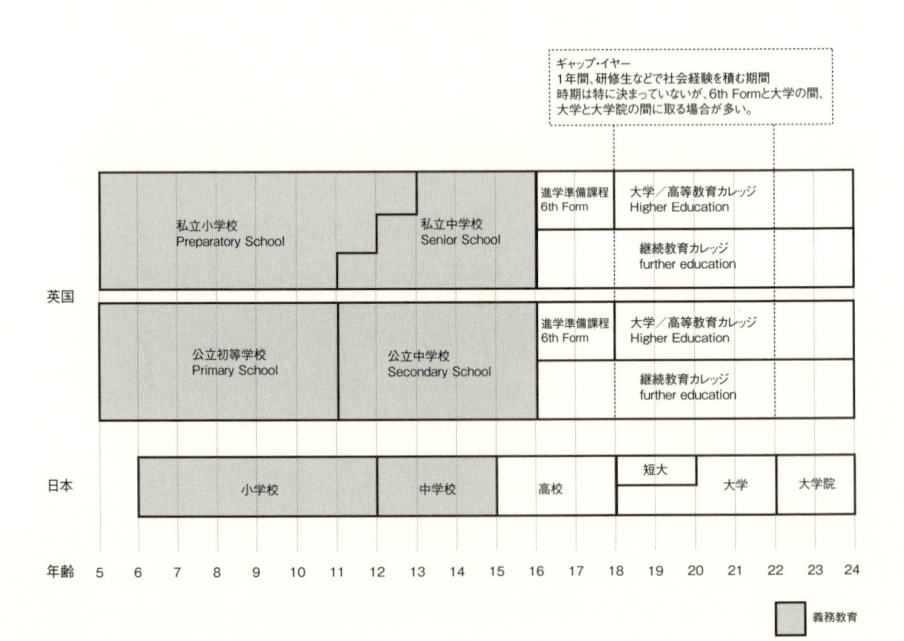

図 11-1　英国と日本の教育制度比較

次元の話ではないことは言うまでもない。その当時に比べれば最近は日本も随分とよくはなってきた。メディアでもちょくちょく取り上げられるようになり，ある程度は浸透した。だが，まだまだ10人に1人は潜在的にディスレクシアであると言っても実感を感じられない人があまりにも多い。対岸の火事のように思われている。

　障害という言葉の響きも問題があると思う。そもそも，障害とは一つの人間の個性のネガティブな部分だけを摘出した呼称とも言える。しかも，障害というものは社会のマジョリティが変化をすれば障害でなくなることもある。例えば，旧石器時代においては多動の方が健常者よりも危機に早く対応できたという意味において優秀だったことを考えてみれば理解できることだ。文字のない時代ではディスレクシアのもつ表現力や空間認知能力が活かされたであろう。今の時代においても，ディスレクシア，多動や高機能自閉症なども正しいサポートや工夫をすることで困難さを軽減することができ，逆に得意な分野で活躍もできる。さらに，社会においても一種の個性として認識されれば，ずいぶんと生きやすくなるであろう。本来であればこのような環境は留学をせずとも自国内で享受できて然るべきである。一方欧米社会では，認識の差異により，ディスレクシアおよび多動，高機能自閉症の人たちにとって居心地のよいものと感じられる場合が多いと言える。

5　ディスレクシアのサポート体制と教育システム

　ディスレクシアにとって，留学をする醍醐味は教育のサポート体制にあると言える。テストにおいては，読み書きの困難さに応じた時間延長，外国人であれば辞書の持ち込みの許可，テスト用紙の色選択，タッチタイピングの許可，口頭試問のオプションなどがテスト環境の中で配慮されている。さらに試験とは受験者の理解を試すものという考えが強いため，内容があってさえいれば減点の対象にはならない。試験もマーク式や多数の質問を設けるものよりも，限定された問題数の論文形式が多い。そのため，論文の内容が正しいほど得点が加点されていくというものだ。これらの配慮はまさに個人の資質を最大限発揮できるためのフェアな環境づくりに他ならない。

　日本のセンター試験や一部の高校入学試験でも多くの方々の努力の結果，試験時間の延長，文字のサイズ拡大，別室受験，問題文読み上げ，漢字のルビ振

りなどを勝ち取り，私の知人のディスレクシアもこの配慮のおかげでセンター試験で良い結果を出すことができた。しかし，まだまだ試験とは平等ではならないという考え方が日本国内では多数派である。この場合の平等とは，同じ試験の時間，用紙，環境，さらに筆記以外の記入方法が認められない，という具合に全ての受験者に対して平等な環境を与えるというものである。日本がいかに家族国家という世界でも稀有な国家形態であったとしても，あなたと私は別人で，それぞれ異なる能力があるという認識は最低限必要である。

　また，精神論がベースとなった「努力さえすればすべて克服できる」という極端な思想は，無駄な努力や苦痛を生み出す場合が多いので改める必要がある。例えば，日本でよくあるケースとして，漢字を覚えるためには同じ漢字を何百回も書けばよい，それでも覚えられなければ他の生徒よりも多く書けという場合がある。このような覚え方が苦手な生徒にとって，これは非効率的で苦痛以外の何物でもない。もちろん，私は努力自体を否定するものではない。私の場合は，漢字を偏の集合体として覚えた。例えば，「海」という漢字を覚えるときは，水偏（さんずい）に毎（まい）という，音を頭の中で暗唱して形を連想しながら書く。英語も似たようにして単語を覚えた。例えば「Knight」という単語はナイトと発音するが，これも頭の中で「クナイト」と暗唱をすると，Kを含んだ正しい書きができる。非効率的な学び方の代わりに，自分に合った正しい工夫をする方が大切である。

　英国において私が救われたのは，まさにこの点においてである。語学学校にてディスレクシアと診断されて以降，高等学校までの3年間，スタディスキルという授業を週2回程度のペースで受けた。スタディスキルとは様々な勉強方法を学び，通常授業で苦手な部分をサポートしてもらうシステムである。そして，数ある勉強方法の中から自分の特性や能力と一番相性のよいものを実践していく。具体的には近年日本でも広がり始めた記憶方法や思考をまとめるためのマインドマッピング，筆記の代用としてのタッチタイピング，色のついた文字でのパズル，絵文字で単語を絵として覚える方法などがある。もちろん，すべて使う必要はなく，自分に都合よく使っていけばよい。

　ちなみに，私が通った高校では見あたらなかったが，英国では小学校を中心にLSA（Learning Support Assistant）というシステムもある。日本でもLSA制度は一部地域において現在導入されている。Education Act 1981では，特別支援教育が必要な生徒は一般学校で可能な限り学ぶべきであるとあり，ディ

スレクシア支援等に特化したLSAや教員，アシスタントがカリキュラムの中で研修や訓練を受け，一人一人の生徒の必要に対応した支援を行い，一般学校の通常教室に多くの生徒が参加できる仕組みになっている。

　私は東京大学先端技術研究センターの調査の結果，読み書きの能力が小学校3年生並み，スピードでいえば一般成人の3分の1であるとわかった。そのような私でも，タッチタイピングを用いることで手書きの約3倍の速さで書くことができる。そのおかげで今もこうやって執筆活動をしている。読みはスタディスキルではないが，某IT企業のリサーチにより，色のついたフィルターを通すと読みの速さが3倍になることが判明した。私の場合は黄色いフィルターで著しい効果があった。ピンクや水色で効果があった知り合いもいたり，逆にどの色でも効果が全くない場合もある，人それぞれに有効な色は違う。このように自分に合った勉強方法や能力の発揮の仕方，思考のまとめ方を学べるということは学校だけでなく，実社会に出てからも役に立つ。

　1年間の語学学校を修了した後，私はケンブリッジにある高等学校に晴れて入学をした。英国は高等学校が2年間なので，卒業時期は日本と同じである。英国で高校留学する際のもう一つの魅力はAレベル（GCE Advanced Level）制度である。英国では中学校のことをGCSE（General Certificate of Secondary Education）と呼び，必須数科目以外は個人の選択制となる。Aレベルに進むとこれがさらに顕著になる。全60科目から任意で幾つかの科目を選択する。英国の大学に入るためにはオックスフォード大学とケンブリッジ大学を除いては[3]，最低3科目のAレベルでの合格が必須となる。ちなみにAレベルもGCSEも結果は立派な各科目の修了証であり，就職の際，履歴書にも書き込めるものである。Aレベルの結果により入れる大学の幅が広がっていく。良い結果を出したいとなると得意な科目を選択することとなる。その科目の選択と結果が大学に進む際の学科や将来の仕事へもつながっていく。それらの選択の時期があまりにも早いという意見もあるが，日本のように就職をしてから専門性を高めるというのは逆に遅くも思える。ここは各自の価値観で判断するのがよいであろう。また，公立の学校は欧州国籍をもつ人は無償なので，卒業後に別の学科で学ぶケースも多々ある。失敗しても再チャレンジしやすい環境と言えるかも知れない。

---

(3)　両大学は独自の入学試験を課している。

60科目の中には美術，立体造形，演劇，神学，体育などもある。いわゆる日本のようにアカデミックと言われる数学，理科，社会を取らずとも大学への進学が可能である。美術の結果も数学の結果も差別なく評価の対象となる。むしろ，60科目を全て学問として成立させるということは驚異的でもある。このシステムは日本の中学校あたりから表現を試す科目の評価の低さに嫌気がさしていた私にとっては幸いであった。また，学ぶ科目の数も限定されているので集中しやすいというのも，いくつものことを同時に処理するのが苦手な場合が多いディスレクシアにとっては有利と言えよう。ちなみに私は数学，立体造形，芸術，人文地理と1年だけではあるが演劇学を学んだ。これらの選択した科目の結果，大学での先行する科目や将来の仕事のイメージも創りやすくなった。

高等学校では自分でも信じられないほど，良い成績を修めることができた。このお陰もあり，私の志望していたロンドンの建築大学に入学することができた。英国の大学で学ぶ場合，日本の大学とは違い最初から専門の学科に進む。日本の大学にあるような教養などはない。高校のAレベルがそれにあたると考えればよい。

私が学んだ大学ではスタディスキルのサポートはなくなった。このようなサポートは私立の場合，有無の確認が必要である。基本的に公立の学校は最低数人のスタディスキルのスタッフがいなくてはならないので，大体の場合においてサポートは望めるものだと思う。論文を書くときはさすがに自分一人では無理があったので知人の英国人や教授にチェックを何度か頼んだりした。ディスレクシアであると伝えると快く引き受けてくれる場合がほとんどであった。このように，正しい認識が周知されているので説明の手間も省け，お互いに補い合いながら物事を進めていく姿勢には共感を覚えた。

6 日本からの編入や準備

どこの国に留学するにしても，タイミングは中学の頃がベストであると言われている。ある程度，日本の文化や素養を吸収している状況でありながら，外国の文化，環境にも適応が容易な時期であるからだ。この場合，特に外国語が

分からない状態で飛び込んでも溶け込める可能性が高い。

　私のように高校からの留学だと，よっぽどの外国語能力がない限り，ある程度の準備期間が必要である。私の場合は語学学校で１年間中学校の科目をすべて英語で復習した。私に続いて留学してきた妹は日本国内で英会話学校に半年ほど通った後，留学をした。どの道，英国の高等学校は２年間なので，１年間の準備期間を置いたとしても大学に入るタイミングは日本と一緒である。

　自分がディスレクシアではないかと思っていても，日本では，ディスレクシアであると診断されにくい状況がある。私のように英国でディスレクシアと診断されるケースもあるので，日本では診断されていないけれども，自分ではディスレクシアだと思う状態での留学もまた意味はあるだろう。

　ちなみに，英国の公立中学や高校への留学は難しい[4]。大体が私立の学校である。例外的に，駐在をしている人の子どもが英国の公立の中学や高校に入学をするケースがある。それ以外の場合は，妹が通った英国で唯一の公立のインターナショナルスクール，インピングトン・ビレッジ・コレッジを選ぶ選択肢もある。卒業資格として国際バッカロレア（国際的に認められる大学入学資格）を取得することが可能である。Ａレベルとはカリキュラムが異なるが，通常の英国の私立の学校に比べて学費が安価なことは魅力である。余談であるが，このビレッジ・コレッジの建物はウォルター・グルピウスというバウハウスに代表される現代建築の礎を築いた建築家の作品でもある。妹はあまり気に留めていなかったようであるが。

　中学や高校への留学には別段試験もないので容易である。大学の場合，オックスフォード大学とケンブリッジ大学以外入試はないが，面接がある。日本からの留学の場合は高校の成績はあまり評価の対象にはならない。面接での印象が決定的になる場合が多い。英語力も大学に入るためにはIELTS（国際的な英語検定の一つ）で6.5以上が必要である。例外処置として大学卒業までに6.5を取得するという条件で認める場合もあるが，大学の授業についていけなくなるのでもったいない。

　面接により，大学への合否だけではなく，入学する学年，奨学金の有無が決まる。これにより私は１学年飛び級ができた。そういう意味で大学からの留学

---

[4]　公立の学校の場合，ＥＵ圏内の留学は無料であるが，ＥＵ圏外からの留学は高額な費用がかかる。

を検討されている方は何よりも面接の準備、すなわちプレゼンテーション能力を鍛えることが大切である。入学の条件は面接の結果が大きい。多くの方がよく言うように欧米の大学は入学よりも進学、卒業が大変である。日本の大学のようにサークルも合コンもない。実際に英国の大学に入れば分かるが、そのような余裕はない。私はこのような学業に集中できる環境で学べてよかったと思う。

最後に日本で大学をいったん卒業、もしくはしばらく休学して留学をするという選択肢もある。この場合も同様に英語力が必要である。せっかく能力があっても面接によって下の学年をやり直さなければならなくなる場合があるからだ。このような人のために、語学を学びながら専門の課程に入るための下準備ができる学校もあるので（これも EFL の一環であり、英国の公立大学には付属の語学学校がある）、そういうところにとりあえず行くのも一つのアイデアである。

日本の教育内容は確かに欧米よりもスタートは進んでいる。高校へ留学した際も日本の方が１年ばかり先のことを教えていたように思う。しかし、専門性や科目の多様性に欠け、能力をフェアに評価するという思想があまりない。特に大学に進むと専門性で欧米に追い越されている場合が多い。また、ディスカッションの機会も少なく、自分でものを考えるという教育方針が日本の大学には欠けているような印象を受けた。

これらを考慮した上で留学ができる状況にあり、かつ留学に多少なりとも興味がある方は、進路を考える際に留学を一つの選択肢として考慮していただければ幸いである。

本来であれば日本の教育や環境に、欧米の長所、すなわちフェアな評価、多様性への寛容さと理解、専門性と選択肢の広さがあれば留学の必要性は少なくなる。さわさりながら、仮に日本の教育がこれらの条件を満たしたとしても留学の意義がなくなることはない。留学をすることは日本を客観的に見ることでもある。同時に異国、異文化と触れ合い、国内では得られない思想や哲学の中で生きることでもある。私のように日本の劣等生が海外で優等生になる場合もある。失敗することや挫折することもあるだろう。しかしきっと何かを得られるはずだ。

留学の資金を準備するのは大変である。欧米では教育を外貨稼ぎのビジネスにしている側面もあるので、向こうの国籍をもっていれば公立の学校は無料だが、外国人からは高額な学費を請求するということもざらにある。しかも情け

ないことに我が国は日本国民への留学援助はローンという形がほとんどであり，逆に日本に来る外国人へは返還不要の給付型の補助金の予算を邦人留学生以上に出しているのである。いくらバブル期に増えた大学を生かすためとはいえ，外国人留学生を優遇する体制は異常である[5]。シンガポールのように政府が留学の資金の一部を負担する代わりに，シンガポール国内で最低2年以上の就労をする義務を課すなど，やりようはいろいろとあるはずだ。

　国の支援にあまり期待はできないと思うので，それ以外の財団，外国政府，すでに在籍している学校からの給付型奨学金制度や希望校の学費が軽減される奨学金制度等，いろいろな手段はあるので金銭的な余裕があまりない場合は調べてみる価値はある。

　私は在籍をしていた大学から何度か返済不要の学費や研究費の負担，免除をしてもらえる奨学金を受けることができた。このおかげで親への負担をいくぶんか減らすことができた。このように学校が確保している奨学金に挑戦してみるのもよい手段であろう。

7　留学して，大学は出たけれど……

　せっかく留学をしたのだから，その先を少しだけ紹介したい。日本では大学に在籍中から就職活動をするのが普通である。終身雇用制度の功罪ではあるが，会社側も家族的な構造を構築しているところが多いために，中途採用は規律と和を乱す等との考えからあまり好まれない。

　夏のはじめに卒業時期がある場合が多い海外の大学だと，卒業の時期が就職の時期とずれていることと，卒業することが大変なため，就職活動をしている暇はほとんどない。海外の大学では大学を卒業してから履歴書を準備して就職活動をする場合が多い。日本のように求人を始める時期は特に決まっていないので，必要なときに募集するという形である。もちろん，景気の良し悪しに左右されるので，思い切って景気の良い国に行くというのも一つの手である。建築設計の場合だと，作品の講評に来る建築家に引き抜かれたり，展示会の作品

---

(5)　平成22年度の予算額355億円に対して，文部科学省発表ではに約250億円が外国人留学生の給付金に使われている。対して日本学生支援機構運営費交付金等の予算は95億円と外国人留学生に対する給付の予算の半分以下である。

を見て引き抜かれるケースもある。

　就職をする前に私がお勧めするのは研修生制度である。海外の大学ではカリキュラムの一環として実際にある企業で給料をもらいながら労働経験を積める制度がある。これを利用すると実社会や業界の雰囲気，研修先との縁ができるので就職の際にとても役に立つ。あえて帰国をしないという選択の意味は十分にあり得る。特に日本の実社会においては，教育現場以上にディスレクシアの対応や理解は遅れているので，現時点では得策かもしれない。

8　選択の自由

　たぶん，私が15歳の時に留学をするという決断をしなければ，今頃私は，引きこもりやニートになっていただろうと容易に想像できる。私の同世代で，私と同じような人たちは「馬鹿だ」，「怠けている」，「人生を一からやり直せ」，等と言われ自尊心を徹底的に破壊されているかもしれない。

　その中で，私はたまたま留学ができる環境に生まれ育った。そのお陰で今の私がいる。本来ならば，彼らの自尊心は周囲の無理解や無関心によって破壊されては絶対にならない。彼らのように引きこもらなくとも，無理をして，社会に出て我慢をしながら毎日を過ごしている人もたくさんいる。社会が厳しいということは百も承知している。しかし，この息苦しさは何に起因しているのであろうか？　息苦しい空気を構成する要素の一つは，評価の狭さであると私は確信している。

　もちろん，既存の評価は残ってもよい。しかし，それ以外の評価も同様にされなくてはならない。また，日本では得られない，留学をしなくては得られないものがあるという確信がある場合は，その選択がより容易にできるように政府は方針を変えるべきである。

　そうすることにより，多くの選択の自由が生まれる。村上春樹の引用になるが「抜け道の数が多ければ多いほどその社会は良い社会であると僕は思っている。」という（村上，1987）。それこそが，それぞれに異なる特質をもって生まれた我々が，より生きがいをもって生きられる社会の礎となることだと確信している。

[参考文献]
村上春樹・安西水丸 (1987). 村上朝日堂　新潮文庫

おわりに

　実りある大学進学を実現するための重要なキーワードの一つとして「自己決定」があげられる。自己決定には情報が不可欠である。本書でさまざまな立場の執筆者に提供していただいた情報は，いずれも自己決定に役立つ貴重なものである。進学を目指している発達障害のある人，そしてその過程を支える家族，高校，大学の教職員，専門機関等の支援者が，これらの情報を共有することで，よりよい選択につながれば幸いである。

　笹森氏（第9章），脇坂氏（第10章），藤堂氏（第11章）では，やり方の工夫や援助資源などの具体的情報に加え，大学進学の過程における学生やその親としての「思い」にふれることができる。障害があって進学を目指している人，そのご家族の方々にとっては，同じように苦労し，がんばっている仲間の存在は励みとなるだろう。高校，大学関係者のみなさんは，この「思い」を共有し，よりよい支援のあり方を共に考えるきっかけにしてほしい。なお，笹森氏と藤堂氏はそれぞれご自身の体験を著書にまとめられている。関心のある方はぜひそちらも手にとってご覧いただければと思う。

＊　＊　＊

　障害がない（と自分で考えている人）は，社会には障害のある人とない人がいて，障害のある人や，その人たちへの支援を「特別なこと」と考えがちである。しかし，多くの場合，その違いはマジョリティ（多数派）かマイノリティ（少数派）かの違いであって，「障害」という概念は，実は相対的なものである。

　自力で歩けない，目が見えない，集中力を維持することが難しい，文字を読むことが難しいなど，ある活動がマジョリティの人と同じように行えないことを「機能障害」という。視力の低下も，本来の機能がうまく働かなくなっている状態なので機能障害ではある。眼鏡やコンタクトレンズといった補助の道具

を使わなければ遠くのものが見えない人は少なくない。しかし，道具を使えば不便はないので，それを「障害」と捉える人は少ない。また，数がとても多いために，道具を使うことは「特別」とも考えられていない。

　年齢と共に低下する機能もある。高齢になれば誰でも若い頃と同じようなスピードで歩けなくなるだろうし，階段を自分の力で上り下りできなくなる人もいるだろう。高齢化がどんどん進み，自力で階段を使えない人がマジョリティになったらどうだろう。ある町で人口の8割が階段を使えない状況というものを想像してみてほしい。その町では，階段という設備が一部の人のための「特別なもの」になるかもしれない。

　社会のルールや建築などは，どうしてもマジョリティにとって都合がよいように作られるものである。しかし，誰でもすべてにおいてマジョリティでいられるものではない。マイノリティになったとたんに不便さを強いられる社会というのは，あまり居心地の良いものではない。常にさまざまな立場の人の状況を考えられる社会は，きっと誰にとっても住みやすい社会なのではないかと思う。

　話が大きくなってしまったが，「試験は皆，同じ時間で受けるのが公平である」という考えも，マジョリティがマイノリティの人たちの状況について理解できないことによって生じてくる。あるタイプのマイノリティの人にとっては，試験時間を延長してもらうことで，初めて他の学生と同じように学習成果を評価してもらえるようになるのである。これが，「特別なこと」ではなく「当たり前のこと」になってほしい。

　本来，互いの立場を思いやるという態度は，自然な気持ちの中で育っていくことが望ましい。しかし日本社会は，マジョリティがマイノリティに配慮していくことをルールとして定めることを選んだ。それが，「障害を理由とする差別の解消の推進に関する法律」である。この文脈の中で，高等教育機関も変わっていこうとしている。高等教育機関で学びたいと考えるすべての人たちにとって，自分の強みを伸ばし，成長するチャンスを与えられる環境が実現することを期待したい。

　最後に，本書の企画をご提案いただき，完成までの過程を支えていただいた金子書房の井上誠氏に心より感謝いたします。

高橋　知音

索 引

◆アルファベット◆

ACT（The American College Testing） 77
ＡＯ入試 ………………………………… 3
Ａレベル（GCE Advanced Level）制度 191
DO-IT Japan ………………………… 36
Education Act（教育法（英国）） 184, 190
EFL ………………………………… 187
FM 補聴システム …………………… 49
GCE（General Certificate of Education） 77
IELTS（Learning Support Assistant） 193
LD スペシャリスト ………………… 129
LSA ………………………………… 190
PDCA サイクル …………………… 113
print disabilities（印刷物困難） ……… 87
SAT（Scholastic Assessment Test） … 77

◆あ行◆

アカデミックスキル ……………… 92, 94
アクセシビリティ ………………… 53
アリゾナ大学 SALT センター …… 128
インターンシップ ……………… 3, 173
ヴィゴツキー ……………………… 179
エデュケーショナル・サイコロジスト 180
オープンキャンパス … 7, 28, 59, 133, 158
オフィスアワー …………………… 108
音声入力ソフトウェア …………… 49
音声読み上げソフトウェア ……… 49

◆か行◆

概念マップ作成 …………………… 49
学習支援センター ………………… 11
学習スキル ………………………… 21
学生課 ……………………… 105, 110
学生サポートセンター …………… 110
学生支援ＧＰ ……………………… 10
学生支援センター ………………… 110
学生相談室 ……………… 10, 111, 168
拡大文字問題冊子の配布 ………… 83
課題対応能力 ……………………… 25
感覚過敏 …………………………… 145
間接的差別 ………………………… 13
危機管理 ……………………… 97, 109
基礎的・汎用的能力 ……………… 24
機能障害 …………………………… 12
キャリア教育 ……………………… 24
キャリアセンター ………………… 11
キャリア発達 ……………………… 25
教務課 ……………………………… 111
金銭管理 ……………………… 96, 109

索　引

健康センター ……………………………… 111
高等学校における発達障害者支援モデル事業
　…………………………………………… 58
合理的配慮 …………………………… 11, 51, 76
合理的配慮の定義 ………………………… 12
コーディネーター ………………………… 13
国際バッカローレア …………………… 193
コンフリクト問題 ………………………… 37

◆さ行◆

算数障害 ………………………………… 144
シームレス支援 …………………………… 56
支援要請 ………………………………… 169
支援要請スキル ………………… 5, 101, 109
時間管理 ………………………………… 108
試験時間の延長 …………………………… 83
自己管理能力 ……………………………… 25
自己決定 ………………………… 36, 43, 157, 161
自己権利擁護スキル ………………… 5, 101
自己マネージメントスキル …………… 109
自己理解スキル ………………………… 109
実習 ……………………………………… 150
実習日誌 ………………………………… 150
社会参入支援 ……………………………… 56
社会的障壁 ………………………………… 12
就労移行支援事業所 …………………… 172
障害学生支援室 …………………………… 13
障害告知 ………………………………… 157
障害者差別解消法 ………………………… 76
障害者の権利に関する条約 ………… 11, 76
情報公開 …………………………………… 98
職業準備性 ………………………………… 90
職業準備性ピラミッド …………………… 91
書字 ……………………………………… 141
初年次教育 ……………………………… 134
シラバス …………………………… 111, 149
進路指導 …………………………………… 23
スケジュール管理 …………………… 69, 96

スタディスキル ………………………… 190
ストレスマネジメント ………………… 109
スピード型テスト ………………………… 78
生活管理スキル ………………………… 108
生活スキル ………………………………… 21
整理整頓 …………………………………… 96
セルフ・アドボカシー（自己権利擁護） 36
セルフ・アドボカシー・スキル … 5, 101
選抜型テスト ……………………………… 78
卒業判定 ………………………………… 152

◆た行◆

大学設置基準 …………………………… 177
代読者 ……………………………………… 86
達成度型テスト …………………………… 78
チェック解答 ……………………………… 83
チャレンジ・カレッジ …………………… 66
中枢性統合の弱さ ……………………… 160
通信教育課程 …………………………… 147
ディスレクシア ……………………… 180, 188
トータルコミュニケーションサポート 56
特別支援教育 ……………………………… 14
特別措置 …………………………………… 81

◆な行◆

ナチュラルサポート ………………… 168, 175
ナビゲーションブック ………………… 101
日本語能力試験 …………………………… 80
ノイズキャンセリングヘッドフォン … 50
ノートテイカー …………………………… 48

◆は行◆

発達障害者支援センター ……………… 173
発達の最近接領域 ……………………… 179
パワー型テスト …………………………… 78
ピア・サポーター ………………………… 67

201

不器用 …………………………… 145, 158
ホームステイ ……………………… 185
保健管理室 ………………………… 111
保健管理センター ………………… 10
補習授業 …………………………… 108

◆ま行◆
模擬面接 …………………………… 176

◆や行◆
ユニバーサルデザイン …………… 178
読み上げソフト ……………… 86, 87

◆ら行◆
履修登録 …………………………… 165
リメディアル（補習）授業 ……… 108

●執筆者紹介（執筆順）

高橋　知音（たかはし・ともね）　編者　第1章・第6章

浅田　　聡（あさだ・さとし）　昭和学院中学校高等学校教諭　第2章

近藤　武夫（こんどう・たけお）　東京大学先端科学技術研究センター　第3章

西村優紀美（にしむら・ゆきみ）　富山大学保健管理センター　第4章

上野　一彦（うえの・かずひこ）　東京学芸大学名誉教授　第5章

村山　光子（むらやま・みつこ）　明星大学学生サポートセンター　第7章

篠田　晴男（しのだ・はるお）　立正大学心理学部　第8章

笹森　理絵（ささもり・りえ）　神戸市発達障害ピアカウンセラー　第9章

脇坂奈央子（わきさか・なおこ）　千葉発達障害児・者親の会「コスモ」会員　第10章

藤堂　高直（とうどう・たかなお）　建築デザイナー　第11章

（所属は執筆時）

編者紹介

高橋知音（たかはし・ともね）
新潟県出身。信州大学学術研究院（教育学系）教授。臨床心理士，学校心理士，特別支援教育士スーパーバイザー。専門は教育心理学，臨床心理学。
筑波大学大学院教育研究科修了。
University of Georgia, Graduate School of Education修了（Ph.D.）。
信州大学講師，助教授，准教授を経て2010年より現職。
日本LD学会理事，日本カウンセリング学会理事，日本学校心理学会理事，LD研究編集委員，カウンセリング研究編集委員，学校心理学研究編集委員，Frontiers in Evolutionary Neuroscience編集委員，Journal of Postsecondary Education and Disability編集委員を務める。
主な著書・翻訳書に，『ハンディシリーズ　発達障害支援・特別支援教育ナビ　発達障害のある大学生への支援』（編著，金子書房），『教職員のための障害学生修学支援ガイド』（分担執筆，日本学生支援機構），『シリーズ子どもへの発達支援のエッセンス〈第2巻〉情動的な人間関係の問題への対応』（分担執筆，金子書房），『大学・高校のLD・AD／HD・高機能自閉症の支援のためのヒント集―あなたが明日からできること』（分担執筆，黎明書房），『ADHDコーチング―大学生活を成功に導く支援技法』（共同監訳，明石書店），『発達障害のある大学生のキャンパスライフ サポートブック―大学・本人・家族にできること』（単著，学研教育出版）などがある。

発達障害のある人の大学進学
どう選ぶか　どう支えるか

2014年7月31日　初版第1刷発行　　　　　　　［検印省略］
2017年3月31日　初版第3刷発行

編著者　　髙　橋　知　音
発行者　　金　子　紀　子
発行所　　株式会社　金　子　書　房
〒112-0012　東京都文京区大塚3-3-7
TEL 03-3941-0111㈹　FAX 03-3941-0163
振替　00180-9-103376
URL http://www.kanekoshobo.co.jp
印刷／藤原印刷株式会社　　製本／株式会社宮製本所

© Tomone, Takahashi, et al. 2014　Printed in Japan
ISBN 978-4-7608-3258-3 C3037